Ausführliches Verzeichnis der

Guttentag'schen Sammlung

Deutscher Reichs- und Preußischer Gesetze

— Textausgaben mit Anmerkungen; Taschenformat —

welche alle wichtigeren Gesetze in unbedingt zuverlässigen Gesetzestexten und in mustergültiger Weise erläutert enthält, befindet sich hinter dem Sachregister.

Guttentag'sche Sammlung
Nr. 102. Deutscher Reichsgesetze. Nr. 102.
Textausgaben mit Anmerkungen.

Gesetz, betreffend das

Urheberrecht an Mustern und Modellen

und

Gesetz, betreffend den

Schutz von Gebrauchsmustern

nebst den zu beiden Gesetzen ergangenen Ausführungsverordnungen und abgeschlossenen internationalen Verträgen.

Textausgabe mit Einleitung, Anmerkungen und Sachregister

von

Regierungsrat **Johannes Neuberg**,
Mitglied des Kaiserlichen Patentamts.

Berlin 1911.
J. Guttentag, Verlagsbuchhandlung,
G. m. b. H.

Inhaltsverzeichnis.

III. Anhang.

Abkürzungen.

Allfeld, Kommentar = Allfeld, Kommentar zu den Gesetzen über das gewerbliche Urheberrecht. München 1904.

Allfeld, Grundriß = Allfeld, Grundriß des gewerblichen Rechtsschutzes. Leipzig 1910.

BGB. = Bürgerliches Gesetzbuch.

(EBGB. = Einführungsgesetz dazu).

Bl. = Blatt für Patent-, Muster- und Zeichenwesen (Band: römische Zahl, Seite: deutsche Zahl). (Es wird bemerkt, daß sich Entscheidungen, die sich auch in den unten genannten Entscheidungssammlungen des Reichsgerichts finden, zunächst dort angeführt sind.)

Dambach = Dambach, Das Musterschutzgesetz vom 11. Januar 1876. Berlin 1876.

Isay = Isay, Patentgesetz und Gesetz, betreffend den Schutz von Gebrauchsmustern. Berlin 1911.

Osterrieth, Lehrbuch = Osterrieth, Lehrbuch des gewerblichen Rechtsschutzes. Leipzig, 1908.

RGS. = Entscheidungen des Reichsgerichts in Strafsachen.

RGZ. = Entscheidungen des Reichsgerichts in Zivilsachen (unter Band- und Seitenangabe).

Riezler = Riezler, Deutsches Urheber- und Erfinderrecht. Berlin 1909.

Seligsohn = Seligsohn, Patentgesetz und Gesetz, betreffend den Schutz von Gebrauchsmustern. Berlin 1909.

StGB. = Strafgesetzbuch.

ZPO. = Zivilprozeßordnung.

Einleitung.

A. Das Gesetz, betr. das Urheberrecht an Mustern und Modellen.

Die ältesten, uns bekannten Musterschutzvorschriften finden sich im 16. Jahrhundert in Oberitalien und Flandern, doch waren sie örtlich sehr beschränkt. Von größerer Wirksamkeit erwiesen sich erst die bis zum Anfang des 18. Jahrhunderts zurückgehenden Vorschriften über den Schutz der Lyoner Seidenindustrie. Auch in Deutschland[1]) brachte das 18. Jahrhundert die ersten Bestimmungen über den Schutz von Mustern. Solche sind bekannt namentlich aus Kursachsen. Abgesehen aber vom linksrheinischen Gebiete, fehlte es in Deutschland bis zum Inkrafttreten des 1876er Gesetzes an einem allgemeinen Musterschutz. Infolge immer erneut geäußerter Wünsche aus industriellen Kreisen (denen freilich andere industrielle Kreise widersprochen hatten) wurde der Entwurf eines Musterschutzgesetzes am 1. November 1875 vom Reichskanzler dem Reichstag vorgelegt. Die erste Lesung fand statt am 9. November 1875, die zweite und dritte nach erfolgter Kommissionsberatung Mitte Dezember 1875. Am 11. Januar 1876 wurde das Gesetz verkündet.

---

[1]) Vgl. Paul Schmid, Die Entwickelung des Geschmacksmusterschutzes in Deutschland. Berlin 1896.

B. Das Gesetz, betr. den Schutz von Gebrauchsmustern.

Nachdem das Reichsoberhandelsgericht im Dezember 1878 entschieden hatte, daß sich das Gesetz zu A nur auf Muster beziehe, die einem ästhetischen Zwecke dienten, also nur auf eigentliche Geschmacksmuster erstrecke — eine Rechtsprechung, die der in Frankreich und den Vereinigten Staaten über die Mustergesetze im Gange befindlichen entsprach —, wurde das Patentamt mit Anmeldungen von Gegenständen bestürmt, die den Gebrauchszweck eines Gegenstandes durch eine neue Gestaltung fördern sollten, ohne eine ausgesprochene technische Wirkung zu erzeugen. Um das Patentamt zu entlasten und die Einführung einer zu strengen Übung bei der Patenterteilung zu hindern, sprach sich eine Enquetekommission von 1886 fast einstimmig für Schaffung eines Schutzmittels aus, das sich auf das Gebiet zwischen Geschmacksmuster und Patent beziehe. Demzufolge legte die Regierung dem Reichstag am 25. November 1890 den Entwurf eines Gebrauchsmustergesetzes[1]) vor, das nach der ersten Lesung am 5. Dezember 1890 an die Kommission zur Beratung des Patentgesetzes verwiesen wurde. Die Beratungen der Kommission begannen am 19. Februar 1891, die Berichterstattung erfolgte am 13. April, die zweite und dritte Lesung am 24. und 30. April 1891, wobei der Reichstag den Bezeichnungszwang beseitigte. Die Verkündung des Gesetzes geschah am 1. Juni 1891.

---

[1]) Ein eigentlicher Gebrauchsmusterschutz bestand nur in England von 1843—1883.

Gesetz, betreffend
das Urheberrecht an Mustern und Modellen.

Vom 11. Januar 1876 (RGBl. 1876 S. 11ff.).

Wir Wilhelm, von Gottes Gnaden Deutscher Kaiser, König von Preußen etc., verordnen im Namen des Deutschen Reiches, nach erfolgter Zustimmung des Bundesrats und des Reichstags, was folgt:

§ 1.

Das Recht, ein gewerbliches Muster oder Modell ganz oder teilweise nachzubilden, steht dem Urheber desselben ausschließlich zu.

Als Muster oder Modelle im Sinne dieses Gesetzes werden nur neue und eigentümliche Erzeugnisse angesehen.

Die Zuständigkeit des Reichs zur Gesetzgebung über das gesamte Gebiet des Urheberrechts, also auch über das Muster- und Modellwesen beruht auf Art. 4 der Reichsverfassung, wonach „der Schutz des geistigen Eigentums", d. h. der Schutz gegen „Nachdruck und Nachbildung" der Gesetzgebung des Reichs untersteht. Landesgesetzliche Vorschriften sind nach Art. 2 der RV. unzulässig.

Das Urheberrecht entsteht durch Schaffung des Werkes (RGS. Bl. XV, 312), findet aber seinen Schutz nur gemäß § 7, abgesehen von dem etwa durch das Kunstschutzgesetz (s. u.) und nach §§ 823, 826 BGB. und dem Gesetz gegen den unlauteren Wettbewerb gegebenen Schutz.

Urheber: Der Ausdruck, den auch das Gesetz vom 11. Juni 1870 und das vom 9. Januar 1876 wählte, soll ausdrücken, daß alle drei Gesetze auf derselben Grundlage beruhen, daß sie sämtlich die geistige, produktive Tätigkeit auf dem Gebiet der Literatur, Kunst und Industrie gegen unbefugte Vervielfältigung in gleicher Weise schützen wollen.

Eine Definition des Wortes „Urheber" wird nicht gegeben. Gemeint ist der, „aus dessen geistiger, produktiver Tätigkeit das Muster oder Modell hervorgegangen ist" (Dambach S. 13), besser gesagt, „zu sinnlich wahrnehmbarem Ausdruck gebracht ist" (Osterrieth, Lehrbuch S. 232). Ob das auf Bestellung oder nicht geschah, ist gleichgültig. „Wer ein Muster beschreibt und dadurch einen Künstler anregt, ein dieser Beschreibung entsprechendes Muster zu entwerfen, ist nie Urheber. Daher ist auch der Besteller des Werkes nicht Urheber" (Osterrieth, ebenda).

Über eine Ausnahmebestimmung vgl. § 2.

Urheber kann nur eine physische Person sein.

Miturheberschaft ist denkbar und zwar in der Weise, „daß mehrere auf Grund einer gemeinsamen Idee je einen unselbständigen, aber wesentlichen Teil der ganzen Arbeit ausführen" (Allfeld K. zu § 1). Es kommen dann über das Verhältnis der Miturheber die Bestimmungen in §§ 741 ff. BGB. in Frage. Die Verwaltung des gemeinschaftlichen Musters und Modells steht den Miturhebern gemeinschaftlich zu. Über das Muster oder Modell im ganzen kann nur gemeinschaftlich verfügt werden.

Von diesem Fall ist zu scheiden der Fall, daß zwei Muster und Modelle nur äußerlich miteinander verbunden sind. Dann bestehen getrennte Rechte an den beiden an sich selbständigen Teilen.

Auch eine bloße Gehilfschaft, die man nicht als Urheberschaft bezeichnen kann, ist denkbar. Sie liegt dann vor, wenn der Gehilfe ohne eigene geistige Tätigkeit an der Herstellung des Musters oder Modells beteiligt ist.

Muster oder Modell: Das Gesetz gibt keine Definition. Man wird darunter auf den Formensinn wirkende Vorbilder für (das geht aus dem Wort „gewerblich" hervor) Industrieerzeugnisse verstehen — RGS. Bl. XIII, 157 —, in der Flächendarstellung als Muster, plastisch als Modell. Ein ganz formloses Muster ist undenkbar. RGZ. 61, 44.

Eine im allgemeinen bekannte Form ist nur dann des Geschmacksmusterschutzes fähig, wenn sie unter Ausschluß der an sich möglichen, beliebigen, anderen Gestaltungen allein die für den verfolgten Zweck typische. (Nicht der Fall bei Hartspiritus in stereometrischer Form. RGZ. Bl. IX, 32.)

Am Modell fehlt es bei einem bloßen Verfahren (Bl. XI, 202), bloßer Hinterklebung eines Bildes hinter ein anderes (RGZ. Bl. VII, 43), bei bloßer Präparierung einer Kaffeebohne (RGZ. 46, 1). Was das Flächenmuster anlangt, so gibt das Gesetz keinen Anhalt, den Schutz auf Darstellungen zu beschränken, die in völlig geschlossenen und genau umgrenzten Figuren bestehen. Farbenwirkungen, Farbenabtönungen genügen. RGZ. 61, 44. RGS. Bl. X, 224. (Vgl. aber OLG. Hamburg Bl. VI, 187, LG. Chemnitz Bl. I, 120.) Liegt ein musterschutzfähiges Modell vor, so besteht der Schutz ohne Beschränkung auf einen einzelnen Gewerbszweig. RGS. 23, 92.

Nicht nötig ist, daß das bezeichnete Vorbild in gewerblichen Betrieben entworfen ist (so Osterrieth S. 223), nicht ausreichend die bloße gewerbliche Verwertbarkeit, die konsequenterweise zu Mustern oder Modellen von Gegenständen führt, die nicht Industrieerzeugnisse sind (ebenda S. 227). Ob die Vervielfältigung mechanisch oder mit der Hand möglich ist, kommt nicht in Betracht, ebenso, ob das Muster oder Modell vom ästhetischen Standpunkt nur untergeordneten Wert hat. Auch ist ein erheblicher Fortschritt nicht nötig, ebenso nicht, daß die Änderung in der äußeren Gestaltung auffällig sei. LG. Bamberg Bl. XI 245.

Das Muster oder Modell muß neu sein, d. h. von Bekanntem sich unterscheidend. Die Neuheit eines gewerblichen Musters wird bei Gleichheit der Zweckbestimmung und der Form nicht durch die **Verwendung anderen Materials** gegeben. RGS. 23, 91. Nur einen Anhalt für den **Neuheitsbegriff** gibt § 7 Abs. 2. Beschreibung in öffentlichen Druckschriften derart, daß danach Sachverständige schaffen können, nimmt die Neuheit. Daß das auf anderer Urheberschaft beruhende Muster öffentlich bekannt sei, ist zur Ausschließung der Neuheit nicht erforderlich.

Die Vergleichung der Muster erfolgt nur mit den im Zeitpunkt der Anmeldung vorhandenen oder bekannten Mustern und unter Berücksichtigung der in diesem Zeitpunkte bekannten Stilgesetze, Techniken und Fertigkeiten. (Osterrieth, Lehrbuch S. 231.)

Die Unwahrscheinlichkeit einer Verwechselung zweier Geschmacksmuster bildet kein rechtliches Kriterium für den Begriff der Neuheit. RGS. Bl. VI, 188.

Ist Neuheit nicht gegeben, so ist eine Anerkennungsklage auf Wegfall der Bezeichnung „gesetzlich geschützt" nach § 1 GewO. denkbar. Bl. IV, 87.

Das Muster muß weiter sein: **eigentümlich**, auf individueller Geistestätigkeit beruhend. Nicht jede Formänderung ist des Musterschutzes fähig. Ein gewisser Fortschritt muß gelungen sein. Dabei muß die Abweichung eine selbständige sein. RGS. Bl. XIV, 34. Das Eigentümliche braucht nicht neu zu sein, das Neue nicht eigentümlich. Den Gegensatz zur Eigentümlichkeit bildet die Nachbildung. Man denke an die eines nur wenigen bekannten altklassischen Ornaments oder die einer Naturform. Davon unterscheidet sich natürlich die bloße Benutzung des Motivs unter Hinzufügung eigentümlicher Zusätze (Kohler, Archiv für die Praxis, Bd. 88 S. 277f. findet das Eigentümliche schon darin, daß der Natureffekt in besonders künstlerischer Weise erzielt werden soll; dagegen Allfeld Kommentar zu § 1.) Kein **origineller formenschöpferischer Gedanke** bei der Nachbildung eines Ledergegenstandes mitt els geprägter Pappe, RGZ. 49, 179, beim **Merzerisierungsver**=

fahren von Garnen Bl. V, 320, für ein Erzeugnis einer handwerksmäßigen Übung KG. Bl. VI, 70, dagegen kann die Nachbildung eines Naturgegenstandes Geschmacksmuster sein. RGZ. 72, 162; 65, 125. (Kontakte für elektrische Läutewerke in Kirschenform.) Das Wesentliche fand man hier in der Aufgabenstellung.

Das Muster muß ein Geschmacksmuster sein, also auf das ästhetische Gefühl einzuwirken imstande sein. Die Einwirkung muß durch den Gesichtssinn geschehen. Auf die Befriedigung des ästhetischen Gefühls kommt es nicht an. RGZ. 45, 60. Der ästhetische Gedanke allein aber macht noch nicht das Gebrauchsmuster, vielmehr kommt es auf seine Verwirklichung in einem Muster an. RGZ. 65, 125. Fehlt der Wille, auf den Schönheitssinn zu wirken, so fehlt es am Geschmacksmuster (plastische Figuren auf Militärschießscheiben: LG. Dresden Bl. III, 99). Dient ein Geschmacksmuster zugleich dem Gebrauchszweck, so kann der Urheber den Schutz des Geschmacks- wie Gebrauchsmusters geltend machen. RGS. Bl. XII, 183.

Was die Nachbildung anlangt, so ist § 6 zu vergleichen. Das Recht, Nachbildungen gewerbsmäßig zu verbreiten, ist im Gesetz nicht ausgesprochen, folgt aber (§ 14) aus der Anwendung des dort genannten Gesetzes. (Hinderung, das Muster als Warenzeichen eintragen zu lassen. RGZ. 38, 134.) Darüber, daß das unbefugte Inverkehrbringen einen Eingriff in das Schutzrecht bezeichnet, auch wenn die Nachbildung ein Zuwiderhandeln nicht betrifft, vgl. RGS. 27, 88. Wenn etwas als Flächenmuster eingetragen, kann es nicht als plastisches Muster den Schutz des Musterschutzgesetzes beanspruchen. RGZ. Bl. V, 320.

Zur Eintragung sittenwidriger Muster und Modelle kann der Staat seine Hand nicht bieten. A. M. Osterrieth, Lehrbuch S. 231, wonach widerrechtliche Nachbildung fremder Werke als Muster geschützt werden können, vorausgesetzt, daß die Nachbildung eigenartig ist.

Durch die Eintragung eines des Musterschutzes entbehrenden Geschmacksmusters als Warenzeichen kann ein ausschließliches Recht auf seine Benutzung, auch wenn letztere lediglich eine solche als Geschmacksmuster ist, nicht erworben werden. Der Tapetenfabrikant, der Teppichfabrikant kann nicht durch die Eintragung eines keinen Musterschutz genießenden Geschmacksmusters als Warenzeichen ein ausschließliches Recht auf seine Benutzung als Geschmacksmuster zur Herstellung von Tapeten oder Teppichen erwerben (RGZ. 64, 99).

Ob die Anmeldung eines Musters nur zu dem Zweck erfolgt, die Konkurrenz anderer Gewerbetreibender auszuschließen, ist gleichgültig. RGS. 27, 322.

Wesentlich für den Schutz von Mustern ist überdies nicht nur das Gesetz vom 11. Januar 1876, sondern auch das vom 9. Januar 1907, das Kunstschutzgesetz, das allen Werken der bildenden Künste Schutz gewährt und hierzu auch die Erzeugnisse des Kunstgewerbes rechnet (OLG. Dresden Bl. XIV, 206). Auf dieses Gesetz kann hier nicht näher eingegangen werden, wenn auch Osterrieth, Lehrbuch S. 223 recht hat, wenn er sagt, daß dieses Gesetz das Musterschutzgesetz später einmal ganz entbehrlich macht. Die Unterschiede zwischen beiden Gesetzen sind vornehmlich darin begründet, daß beim Kunstschutz die Schutzfrist eine erheblich längere ist und an eine Eintragung nicht gebunden ist, anderseits die Vermutung der Urheberschaft anders geregelt ist und gewisse Beschränkungen des Urheberrechts (§§ 19, 20) bestehen.

Stellen sich jetzt Formschöpfungen gleichzeitig als individuelle künstlerische Leistungen dar und gewinnen sie damit den Charakter von kunstgewerblichen Erzeugnissen, so können sie gleichzeitig Geschmacksmuster- oder Kunstschutz genießen. RGS. 43, 329.

§ 2.

Bei solchen Mustern und Modellen, welche von den in einer inländischen gewerblichen Anstalt beschäftigten

Zeichnern, Malern, Bildhauern usw. im Auftrage oder für Rechnung des Eigentümers der gewerblichen Anstalt angefertigt werden, gilt der letztere, wenn durch Vertrag nichts anderes bestimmt ist, als der Urheber der Muster und Modelle.

Die Bestimmung ist dem russischen Gesetz vom 11. Juli 1864 entlehnt. Auch in der englischen und österreichischen Gesetzgebung finden sich entsprechende Bestimmungen. Die Bestimmung verfolgt praktische Zwecke. Es soll die Notwendigkeit einer jedesmaligen Zession des nach § 1 dem Zeichner usw., nicht dem Anstaltseigentümer zustehenden Urheberrechts vom Zeichner usw. auf den Prinzipal beseitigt werden. Die Absicht der Beteiligten ist in den gedachten Fällen regelmäßig darauf gerichtet, dem Anstaltseigentümer das Vervielfältigungsrecht des Musters zu erhalten, während der Zeichner usw. für seine Arbeit vom Anstaltseigentümer bezahlt wird. Soweit nicht stillschweigende Übertragung anzunehmen wäre, müßte sich aber letzterer das Recht immer ausdrücklich übertragen lassen, um es entsprechend dem gegenseitigen Verhältnisse für sich ausüben zu können. In § 2 vereinfacht nunmehr das Gesetz den Weg, der zu dem Rechtserwerb des Anstaltsbesitzers führt (Motive).

Mit vorstehendem lassen die Motive erkennen, daß die gesetzliche Fiktion einer Urheberschaft des Anstaltseigentümers (für die freilich der Wortlaut des Gesetzes in etwas spricht) irrig ist, vielmehr ein Urheberrecht in der Person des Zeichners und eine cessio legis anzunehmen ist. So Riezler S. 45. Auch RGS. 13, 221. Allfeld, Kommentar zu § 2 und Osterrieth, Lehrbuch S. 235.

Natürlich kann der Zeichner usw. sich im Anstellungsvertrage ausbedingen, daß entgegen der Bestimmung des § 2 das Urheberrecht ihm verbleibt.

Meldet der Zeichner usw. das Muster entgegen der Bestimmung des § 2 auf seinen Namen an, so kann der Anstaltseigentümer Umschreibung auf seinen Namen verlangen.

Osterrieth, Lehrbuch S. 235, will die Bestimmung überhaupt nur gelten lassen, wenn das Muster tatsächlich angemeldet und hinterlegt ist. Anderenfalls soll sich das Recht am Muster nach allgemeinen Rechtsgrundsätzen bestimmen. Aus dem Gesetzeswortlaut ist solche Beschränkung nicht zu entnehmen.

Inländische, gewerbliche Anstalt ist jede staatliche oder private, gewerblichen Zwecken dienende Anstalt. Gewerblichen Zwecken dienen an sich nicht die Kunstgewerbeschulen. Unter Anstalt ist nach dem Inhalt der Bestimmung die Herstellungsstätte zu verstehen, nicht also ein bloßes Warenlager, eine Verkaufsstätte. Was Inland ist, besagt das Staatsrecht. Ist der Anstaltseigentümer Ausländer, so ist nötig (vgl. § 16 Abs. 2), daß es sich bei der Anstalt um seine gewerbliche Niederlassung handelt und die Erzeugnisse im Inland gefertigt sind (Allfeld, Kommentar zu § 2. A. M. Osterrieth, Lehrbuch S. 234).

Die Bestimmung bezieht sich nur auf die in der Anstalt beschäftigten Zeichner usw. Voraussetzung ist das Bestehen eines dauernden, vertragsmäßigen Verhältnisses zum Anstaltseigentümer, „da nur bei solchem Zusammengehörigkeitsverhältnis zur Anstalt angenommen werden kann, daß der Zeichner sein Urheberrecht hat aufgeben wollen" (Motive). Es scheiden also aus die Muster von Zeichnern, „die mit dem Fabrikanten für einzelne Aufgaben einzelne Verträge abschließen". Hier kann der Anstaltseigentümer das Vervielfältigungsrecht nur auf Grund eines besonderen Vertrags mit dem Zeichner usw. erwerben. Ebenso RGS. 13, 221, 222. Was solchen Vertrag anlangt, so ist zu bemerken, daß in der bloßen bestellungsgemäßen Anfertigung des Musters für den Auftraggeber noch nicht die Erteilung der Befugnis liegt, andere von der Nachbildung des Musters auszuschließen. RGS. 13, 222.

Bei den in der Anstalt beschäftigten Zeichnern usw. ist die Art und Weise des Entgelts belanglos, auch seine Staatsangehörigkeit. Der Zeichner kann ein Ausländer sein. RGS. 13, 222.

Auch kommt es darauf nicht an, daß der Angestellte gerade in den Anstaltsräumen beschäftigt ist. Er kann z. B. in seiner eigenen Wohnung arbeiten.

Im Auftrag oder für Rechnung des Anstaltseigentümers muß die Anfertigung erfolgen. Maßgeblich ist auch hier, was oben über das Bestehen eines fortdauernden Vertragsverhältnisses gesagt ist. Im übrigen kann sich der Auftrag nur auf ein Muster beziehen oder mehrere, aus der Art der Stellung folgen oder ausdrücklich gegeben sein. Wenn ein Anstaltszeichner usw., zu dessen Obliegenheiten die Musteranfertigung nicht gehört, ohne Auftrag und für eigene Rechnung Muster anfertigt, so ist er, nicht der Anstaltseigentümer, als Urheber anzusehen.

§ 3.

Das Recht des Urhebers geht auf dessen Erben über. Dieses Recht kann beschränkt oder unbeschränkt durch Vertrag oder durch Verfügung von Todeswegen auf andere übertragen werden.

Der Paragraph ist wörtlich dem Gesetz vom 11. Juni 1870 über das Urheberrecht an Schriftwerken entlehnt. „Der Schutz, der den Mustern und Modellen gewährt wird, ist ein wesentlich vermögensrechtlicher, und es liegt daher in seiner Natur, daß er auf die Rechtsnachfolger des Urhebers übergeht" (Motive).

Eine Nachfolge ist möglich im Wege des Erbgangs und des Übergangs, welch letzterer im Wege des Vertrags oder durch Verfügung von Todeswegen erfolgen kann.

Im Gesetz ist strenggenommen nur von den Erben des Urhebers die Rede. Daß die Vererbung auch auf deren Erben übergeht (solange die Schutzfrist läuft!), bedurfte wohl kaum des Ausspruchs. Beim Mangel von Erben — und sonstiger Bestimmungen — fällt das Recht an den Fiskus.

Hinterläßt der Urheber mehrere Erben, so wird das Urheberrecht gemeinschaftliches Vermögen der Erben (§ 2032 BGB.). Zur gemeinschaftlichen Verfügung über dieses Recht ist § 2040 BGB. zu vergleichen. Die Erben können insbesondere nur gemeinschaftlich bestimmen, ob das noch nicht angemeldete Muster anzumelden ist.

Der Urheber kann sein Recht auch auf andere Personen als auf seine Erben durch Verfügung von Todeswegen, insbesondere durch ein Vermächtnis beschränkt oder unbeschränkt übertragen.

Die Übertragung des Rechts im Vertragsweg erfolgt durch ausdrücklichen oder stillschweigenden Vertrag; sie kann vor der Anmeldung erfolgen. Ist das der Fall, so kann der Erwerber die Anmeldung bewirken, braucht es aber nicht zu tun. Ein Dritter kann in diesem Fall ohne seinen Willen die Anmeldung nicht bewirken, es müßte denn sein, daß es sich bei letzterem um eine eigene, neue Schaffung desselben Geschmacksmusters zufällig handeln sollte.

Um welche Art von Vertrag es sich handelt, ist gleichgültig. Es kann Kauf, Tausch, Schenkung sein. Bezüglich der Gewährleistungspflicht gilt das allgemeine bürgerliche Recht. Ein Vermerk im Musterregister über den Übergang erfolgt nicht.

Die Beschränkung im Übertragungsvertrag kann zeitlich, sie kann auch örtlich sein. Sie kann auch in der Weise stattfinden, daß etwa ein Teil eines Musters einem anderen abgetreten wird oder daß das Muster nur für einen bestimmten Gewerbebetrieb übertragen wird. Von der Übertragung des Rechts als solchem (beschränkt oder unbeschränkt) ist die Einräumung von Einzelbefugnissen (Einzelnachbildung) zu scheiden.

Auch ein Verlagsvertrag ist im Gebiete des Geschmacksmusters möglich (z. B. bei einem Musterbuch!) (Allfeld, Kommentar zu § 3).

Über die Zwangsvollstreckung in das Muster und Modell gibt das Gesetz keine Bestimmung. Sie ist grundsätzlich zulässig. Doch kommt jetzt u. U. das Gesetz über das Urheberrecht an Kunstwerken usw. in Betracht. Danach findet „die Zwangsvollstreckung in das Recht des Urhebers gegen den Urheber selbst ohne dessen Einwilligung nicht statt; gegen den Erben ist sie ohne seine Einwilligung nur zulässig, wenn das Muster oder eine Vervielfältigung davon erschienen ist“ (Riezler S. 479).

§ 4.

Die freie Benutzung einzelner Motive eines Musters oder Modells zur Herstellung eines neuen Musters oder Modells ist als Nachbildung nicht anzusehen.

Im Gesetzentwurf fehlte der Paragraph. Man hielt eine derartige Bestimmung für selbstverständlich. In der Kommission hielt man aber für nötig, daß besonders ausgesprochen werde, daß Ideen und Motive eines Musters oder Modells als Anregung zu neuen geistigen Schöpfungen auf dem Gebiete der Industrie dienen und benutzt werden können. Man wollte bei der Neuheit der Materie Zweifel über die Grenzen der verbotenen Nachbildung ausschließen.

Osterrieth, Lehrbuch S. 249, deutet die Bestimmung richtig, wenn er sagt, eine Nachbildung liege nicht vor, wenn die Übereinstimmung oder Ähnlichkeit zweier Muster nur auf der Identität der nicht schutzfähigen Elemente des älteren Werkes beruhten.

Zu beachten ist, daß nur die Motivbenutzung zulässig ist, nicht etwa einzelne Teile eines fremden Musters nachgebildet werden dürfen (RGS. Bl. VI, 188). Die Benutzung ist auch nur gestattet zur Herstellung eines in seiner charakteristischen Gesamtindividualität neuen Geschmacksmusters im Sinne des Gesetzes. RGS. 33ff., 44. Vgl. auch ebenda S. 38 und RGZ. 36, 46, ferner RGS. Bl. X, 226).

Maßgeblich ist auch hier zunächst der Standpunkt des großen Publikums, das sich mit dem Gesamteindruck begnügt und Abweichungen, die nur mit besonderer Aufmerksamkeit zu erkennen sind, gar nicht wahrzunehmen pflegt (Bl. I, 208). Die Möglichkeit oder Wahrscheinlichkeit einer Verwechselung spielt im Gebiet des Gesetzes überhaupt keine wesentliche Rolle und ist kein rechtliches Kriterium für den Begriff der Nachbildung und Neuheit. Maßgeblich ist nur die Tatsache der Hervorbringung eines neuen, originellen Werkes. Bl. VII, 119.

§ 5.

Jede Nachbildung eines Musters oder Modells, welche in der Absicht, dieselbe zu verbreiten, ohne Genehmigung des Berechtigten (§§ 1—3) hergestellt wird, ist verboten. Als verbotene Nachbildung ist es auch anzusehen:

1. wenn bei Hervorbringung derselben ein anderes Verfahren angewendet worden ist als bei dem Originalwerke, oder wenn die Nachbildung für einen anderen Gewerbszweig bestimmt ist als das Original;
2. wenn die Nachbildung in anderen räumlichen Abmessungen oder Farben hergestellt wird als das Original, oder wenn sie sich vom Original nur durch solche Abänderungen unterscheidet, welche nur bei Anwendung besonderer Aufmerksamkeit wahrgenommen werden können;
3. wenn die Nachbildung nicht unmittelbar nach dem Originalwerke, sondern mittelbar nach einer Nachbildung desselben geschaffen ist.

Damit von einer verbotenen Nachbildung gesprochen werden kann, ist nötig, daß ein schutzberechtigtes Muster oder Modell vorliegt, dieses zur Eintragung in das Register angemeldet und niedergelegt ist, daß dieses nachgebildet werde, ohne Genehmigung des Berechtigten und der Nachbildner in der Absicht handelt, die Nachbildung zu verbreiten.

Unter Nachbildung ist zu verstehen jede „im wesentlichen identische Wiedergabe des Originalmusters oder -modells“

(Dambach S. 32). Zu beachten sind aber namentlich N. 1 und 2 des Paragraphen (Beispiele für den allgemeinen Grundsatz Bl. IX, 172!). Man machte nämlich bei den Enqueteverhandlungen, was namentlich die Farbenänderungen anlangt, geltend, daß in solchen keine eigene, schöpferische Tätigkeit des Nachbildners ruhe.

Für die Benutzung eines Motivs und Übertragung in andere Dimensionen kommen §§ 4, 6 Ges. in Betracht. Daß nur die mechanische Nachbildung verboten sei, ist aus dem Gesetz nicht zu folgern. Betreffs der Einzelkopie vgl. § 6 des Ges. Auch die teilweise Nachbildung ist unzulässig. Nur muß es sich hierbei um Muster- und Modellteile handeln, in denen das Wesentliche des geschützten Musters und Modells zutage tritt. Ob die Nachbildung im Ausland stattfindet oder die Verbreitung im Ausland statthaben soll, ist gleichgültig.

Genehmigung des Berechtigten. Berechtigt sind der Urheber oder dessen Rechtsnachfolger — Erben und die, die im Wege der Übertragung oder Zwangsvollstreckung am Muster und Modell Rechte erlangt haben. Beschränkungen in der Übertragung sind natürlich auch wesentlich für die Genehmigung zur Nachbildung.

Die Genehmigung kann schriftlich, mündlich, auch stillschweigend erfolgen.

Ist das Recht zeitlich beschränkt übertragen, so wird man nicht annehmen dürfen, daß der an Stelle des eigentlichen Urhebers Berechtigte vor Ablauf der Zeit unbeschränkt viele Exemplare des Musters und Modells herstellen darf, um sie nach Ablauf der Zeit noch zu verbreiten — das widerspräche den guten Sitten.

Verbreitungsabsicht: Verboten ist also nicht die Nachbildung zwecks Benutzung im Privatgebrauch des Nachbildners[1]).

---

[1]) Osterrieth, Lehrbuch S. 246, rechnet hierher auch Nachbildung zum Zweck der Belehrung und Anregung innerhalb eines Ateliers. In solchem Falle dürfte aber Verbreitungsabsicht gegeben sein.

Verbreitungsabsicht ist gegeben, wenn die Nachbildung auch nur eines Exemplars zu dem Zweck geschieht, daß sich Dritte dieselbe zu eigen machen — ob im Ausland oder Inland, ist gleichgültig. Nicht nötig ist öffentliche Verbreitung, d. h. die Absicht, das nachgebildete Muster zur Kenntnis einer unbestimmten Anzahl von Personen gelangen zu lassen. Nicht nötig ist, daß die Verbreitung tatsächlich stattfindet. Nicht nötig, daß damit ein Vorteil erstrebt wird.

„Wenn erweisbar die Absicht des Täters dahin geht, die nachgebildeten Erzeugnisse erst nach Ablauf der Schutzfrist zu verbreiten, so liegt eine verbotene Nachbildung nicht vor" (Dambach S. 38). A. M. Osterrieth, Lehrbuch S. 246.

„Für die Verbreitungsabsicht spricht keinerlei Vermutung. Wer sie behauptet, hat die Tatsachen und Umstände, aus denen sie im konkreten Falle zu folgern ist, zu beweisen" (Riezler, S. 474).

Zu Nr. 1: Die Nachbildung für einen anderen Gewerbszweig ist ebenso verboten wie die in einem anderen Verfahren, das Häkeln eines gestickten Musters also ebenso verboten wie die Verwendung eines für Vorsatzpapier bei der Buchbinderei bestimmten Papiers in der Textilbranche.

Zu Nr. 2: Die Veränderung der räumlichen Abmessungen, das Vorliegen von Abänderungen werden sich im Einzelfall leicht mit dem im § 4 behandelten Fall begegnen. Abs. 2 ist übrigens nur dahin auszulegen, daß eine Nachbildung eines Geschmacksmusters nicht schon dann erlaubt ist, wenn ihr Unterschied vom Original ohne Anwendung besonderer Aufmerksamkeit wahrgenommen werden kann, sondern nur dann, wenn die entlehnten Motive zu einem neuen ästhetischen Gedanken umgebildet sind. RGS. 36, 220.

Zu Nr. 3: Zu beachten ist Nr. 2 des § 6. Wenn also ein Flächenmuster nach einem plastischen Muster nachgebildet wird, muß es, damit es zu einer verbotenen Nachbildung komme, in der Fläche nachgebildet werden. Die Nachbildung in plastischer Form ist erlaubt.

Möglich ist, daß zwei Muster (Modelle) rein zufällig übereinstimmen. Dann wird der Verbreiter des zweiten die zufällige Entstehung beweisen müssen. Einen Geschmacksmusterschutz wird sich der Hersteller des zweiten Musters nicht schaffen können, da dem später angemeldeten Muster die Neuheit fehlen würde (Osterrieth, Lehrbuch S. 245, 251).

Bemerkt sei noch, daß eine verbotene Nachbildung auch dann vorliegt, wenn zwar das plastische Muster nicht unmittelbar nachgebildet wird, wohl aber die technischen Mittel geboten werden, mit deren Hilfe die unmittelbare Nachbildung des Musters ermöglicht ist. RGS. 37, 158.

§ 6.

Als verbotene Nachbildung ist nicht anzusehen:

1. die Einzelkopie eines Musters oder Modells, sofern dieselbe ohne die Absicht der gewerbsmäßigen Verbreitung und Verwertung angefertigt wird;
2. die Nachbildung von Mustern, welche für Flächenerzeugnisse bestimmt sind, durch plastische Erzeugnisse und umgekehrt;
3. die Aufnahme von Nachbildungen einzelner Muster oder Modelle in ein Schriftwerk.

Die genannten drei Ausnahmen vom Nachbildungsverbot beruhen darauf, daß dadurch das vermögensrechtliche Interesse des Urhebers nicht leidet und das öffentliche Interesse sie für geboten erscheinen läßt.

Zu Nr. 1: „Mit dem mißverständlichen Ausdruck ‚Einzelkopie' meint das Gesetz nur den Gegensatz zu der durch ein mechanisches Verfahren hergestellten Nachbildung, nicht etwa ein einziges Reproduktionsexemplar. Zum Zweck des persönlichen und häuslichen Gebrauchs — nicht etwa zwecks gewerbsmäßiger Verbreitung und Verwertung — dürfen also auch mehrere mit der Hand gefertigte Exemplare hergestellt werden" (Riezler S. 475).

„Als mechanisches Verfahren aber gilt das, bei welchem entweder mittels äußerer Werkzeuge oder Hilfsmittel mehrere Exemplare gleichzeitig auf einmal hergestellt werden, oder bei welchem eine äußere Vorrichtung angewendet wird, welche die Anfertigung einer größeren Anzahl von Exemplaren dergestalt gestattet, daß das ganze Werk oder ein Teil desselben auf einmal hergestellt wird." „Als solche mechan. Vervielfältigungsarten gelten z. B. das Weben, Drucken, Pressen, Abformen, Abgießen usw. . . . als Einzelkopie, insbesondere alle mit der Hand angefertigten Nachbildungen, die sog. Handkopien" (Dambach S. 41).

Gewerbsmäßige Verbreitung und Verwertung liegt stets dann vor, wenn sie als Glied einer fortgesetzt gedachten, auf Gewinnerwerb gerichteten Betätigung erscheint. Die Hingabe und Annahme von Geschenken zwischen Privatpersonen, die nicht Geschäftsleute sind, gehört also nicht hierher. Auch gehört nicht hierher eine Nachbildung, die zwar in einem Gewerbebetrieb, aber nicht gerade in der Absicht des Gelderwerbs geschieht. Daß die Einzelkopie auftragsgemäß durch einen Dritten angefertigt sein darf, erscheint nach dem Gesetz nicht ausgeschlossen.

§ 18 des Kunstschutzgesetzes (s. zu § 1 oben) läßt zu die Vervielfältigung zum eigenen Gebrauch, auch wenn sie unentgeltlich bewirkt wird, also auch die mechanische, dagegen nur die zu eigenem Gebrauch.

Zu Nr. 2: Bei Beratung dieser Gesetzesbestimmung erwog man zwar, daß der Zeichner und Fabrikant oft ein erhebliches Interesse hätten, daß die Nachbildung weder in plastischer noch in flacher Form erfolge, ja daß zuweilen der Zeichner gar nicht wisse, in welcher Form sein Muster zur Verwendung komme. Man machte aber geltend, daß man die beiden großen Kategorien Flächenmuster und Modelle aufstellen könne und daß auch das Gesetz über das Urheberrecht an Werken der bildenden Künste zulasse, Werke der malenden und zeichnenden Kunst durch die plastische Kunst wiederzugeben und umgekehrt.

Gestattet ist die Nachbildung eines für Flächenerzeugnisse bestimmten Musters durch plastische Erzeugnisse und die Nachbildung eines für plastische Erzeugnisse bestimmten Musters durch Flächenerzeugnisse. „Im übrigen hat die Verschiedenheit des Gewerbszweiges, dem das Original angehört, von dem Gewerbszweig, für welchen die Nachbildung bestimmt ist, keinen Einfluß. Verboten ist also die Benutzung eines Flächenmusters für alle Zweige der flachproduzierenden Industrie, eines Modells für alle Zweige der plastisch arbeitenden Industrie" (Allfeld K. zu § 6).

Erlaubt ist nicht etwa die Nachbildung eines Flächenmusters an einem plastischen Gegenstand vermittels eines Flächenmusters und umgekehrt. Erlaubt ist also nicht die Anbringung eines Musters für Vorsatzpapier an einer viereckigen Tonvase. Hierin würde eine Nachbildung, nicht eine Übertragung aus der Fläche in die Plastik liegen.

Erlaubt ist auch nicht die Nachbildung eines Flächenmusters, das nur Vorbild für ein plastisches Erzeugnis ist, „es hat nur vorbereitenden Charakter und bildet mit dem Modell zusammen gewissermaßen eine Einheit." RGS. 30, 56.

Ein plastisches Erzeugnis liegt vor, wenn dem Material Körperlichkeit gegeben ist, während bei einem Flächenerzeugnis die Körperlichkeit fehlt. . . . . Muster für plastische Erzeugnisse sind solche, die als Vorbild für gewerbliche körperliche Gegenstände dienen sollen, während die Muster für Flächenerzeugnisse als Zeichnungen auf dem Gegenstande angebracht werden sollen. (Verbotene Nachbildung dadurch, daß Schildchen, die als für Flächenerzeugnisse bestimmt zum Musterregister angemeldet sind, auf Schreibheften angebracht und die so ausgestatteten Schreibhefte gewerbsmäßig verwertet werden.) RGS. 27, 322.

„Für die Frage, ob ein Flächenmuster oder ein plastisches Modell vorliegt, ist entscheidend, ob das bezweckte und erzielte Ergebnis dem Formensinn durch die Wirkung der Fläche oder als plastisches Erzeugnis entsprechen soll. Das war namentlich auch von Bedeutung für eigentümliche Typen der Schriftgießerei. Bei der Druckschrift kann das Ziel der Anregung des ästhetischen Gefühls nicht durch die Anschauung der plastischen Stempel, Matrizen, Typen erreicht werden, sondern nur durch die Herstellung des Druckes selbst, für welchen sie Verwendung finden sollen. In der Herstellung der Stempel, Matrizen, Typen liegt daher schon der Beginn der als Flächenerzeugnis wirkenden Herstellung der geschützten Druckschrift, und der Nachbildner kann sich nicht auf MSchG. § 6 Z. 2 berufen." (Riezler S. 476.) Vgl. RGZ. 61, 178. (RGZ. 14, 46 aufhebend.)

Im übrigen vergleiche zu § 6 N. 2 § 6 der Bestimmungen.

Wenn derselbe Gegenstand sowohl Flächen- als plastische Elemente zeigt, ist doppelte Anmeldung nötig; dies auch dann, wenn gerade in der Verbindung beider das Wesentliche zu finden ist.

Unterfällt das Geschmacksmuster als kunstgewerbliches Erzeugnis zugleich dem Kunstschutzgesetz, so kommt jetzt überdies § 17 dieses Gesetzes in Betracht, wonach ohne Rücksicht auf das Verfahren die Vervielfältigung verboten ist.

Zu Nr. 3: Die Bestimmung ist dem § 44 des Gesetzes vom 11. Juni 1870 entlehnt, wonach einem Schriftwerke einzelne wissenschaftliche Zeichnungen aus einem anderen Werke beigefügt werden können. Daß das Schriftwerk die Hauptsache, die Abbildungen aber nur zur Erläuterung des Textes dienen (§ 44), ist nach § 6 N. 3 nicht nötig. Doch muß ein Schriftwerk vorliegen, nicht etwa durch die Zusammenstellung ein Musterbuch mit nur erläuterndem Text geschaffen werden. Auch ist nötig, daß die Aufnahme in ein Schriftwerk erfolgt, nicht in ein Werk der Kunst, etwa der Malerei.

Unterfällt das Geschmacksmuster als kunstgewerbliches Erzeugnis zugleich dem Kunstschutzgesetz, so kommen jetzt §§ 19 u. 20 dieses Gesetzes in Betracht.

Nach jener Bestimmung ist zulässig, die Vervielfältigung und Verbreitung, wenn einzelne Werke in eine selbständige wissenschaftliche Arbeit oder in ein für die Schule oder Unterrichtsgebrauch bestimmtes Schriftwerk ausschließlich zur Erläuterung des Inhalts aufgenommen werden. Auf Werke, die weder erschienen noch öffentlich ausgestellt sind, erstreckt sich diese Befugnis nicht.

Nach § 20 ist zulässig die Vervielfältigung von Werken, die sich bleibend an öffentlichen Wegen, Straßen oder Plätzen befinden, durch die malende oder zeichnende Kunst oder durch die Photographie.

§ 7.

Der Urheber eines Musters oder Modells genießt den Schutz gegen Nachbildung nur dann, wenn er dasselbe zur Eintragung in das Musterregister angemeldet und ein Exemplar oder eine Abbildung des Musters usw. bei der mit Führung des Musterregisters beauftragten Behörde niedergelegt hat.

Die Anmeldung und Niederlegung muß erfolgen, bevor ein nach dem Muster oder Modelle gefertigtes Erzeugnis verbreitet wird.

Obwohl man bei den Beratungen in der Reichstagskommission nicht verkannte, daß eine zwangsweise Anmeldung und Niederlegung lästig und mit Weitläufigkeiten verknüpft sei, so folgte man doch dem in der Gesetzgebung anderer Staaten ausgesprochenen Prinzip, wonach der Urheber ohne Anmeldung bzw. Niederlegung den Schutz gegen Nachbildung nicht in Anspruch nehmen darf. Man erwog, daß das Warenmuster nicht, wie die literarischen und künstlerischen Erzeugnisse, kraft des Gesetzes der ausschließlichen Benutzung des Urhebers vorbehalten ist, sondern daß es hierfür wie bei Erfindungen einer besonderen Erklärung des Urhebers bedarf, zumal da ohne diese Bedingung es unmöglich wäre, diejenigen Muster, deren Benutzung ihrem Erfinder vorbehalten ist, von anderen zu unterscheiden. (Motive.)

Zur Ausübung des Schutzes am Muster ist also, obwohl an sich das Musterrecht unabhängig von der Anmeldung entsteht, letztere nötig. Nur erlangt — abgesehen vom Fall des § 2 des Gesetzes — natürlich durch die Anmeldung nur der Urheber oder dessen Rechtsnachfolger den Schutz. Die Vermutung des § 13 ist durch Gegenbeweis entkräftbar. Ob der Anmelder der Urheber oder dessen Rechtsnachfolger ist, hat der mit der Führung des Registers betraute Beamte nicht zu prüfen (§ 10).

Wann die Anmeldung zu geschehen hat, steht im Belieben des Anmelders. Doch ist die Bestimmung des zweiten Absatzes zu beachten. Auch kommt in Betracht, daß (Dambach S. 48) die Zeit, da der Anmelder nach dem Muster Fabrikate anfertigen läßt, für den Urheber die gefährlichste ist; gerade in dieser Zeit ist er der Gefahr ausgesetzt, daß sein Muster durch Arbeiter usw. verraten wird und ein Konkurrent ihm in der Ausbeutung zuvorkommt. Auch wird ein Musterzeichner, der seine Zeichnungen an Fabrikanten usw. sendet, vorherige Anmeldung zu bewirken haben, da er sonst gegen Nachbildung nicht geschützt ist.

Schon Anmeldung und Niederlegung gewährt den Schutz. Nicht nötig ist, daß die Eintragung stattgefunden hat, bevor ein nach dem Muster gefertigtes Erzeugnis verbreitet worden ist. „Die Eintragung kann durch verschiedene Zufälligkeiten verzögert werden, und es würde nicht gerechtfertigt sein, die Rechte der Beteiligten von derartigen Zufälligkeiten, deren Beseitigung häufig außer ihrer Macht liegt, abhängig zu machen." (Motive usw.)

Dambach (S. 49) weist daher mit Recht darauf hin, daß, wer ein Muster oder Modell, von dem schon Fabrikate verbreitet sind, nachbilden will, sich nicht damit begnügen darf, daß es nicht eingetragen ist, er muß sich vielmehr auch darüber vergewissern, ob nicht auch die Anmeldung vor Verbreitung des ersten Erzeugnisses erfolgte.

Im Verfolg des Gesagten ist die versehentlich unterbliebene oder falsche Eintragung (die nur die vorschriftsgemäße Anmeldung und Niederlegung beurkundet) für den Anmelder unschädlich.

Bei Beratung des Gesetzes wurde die Frage angeregt, wie sich das Verhältnis gestalte, wenn zufällig zwei Personen unabhängig voneinander dasselbe Muster oder Modell anmeldeten. Es wurde zwar auf die Unwahrscheinlichkeit des Falles aufmerksam gemacht, immerhin aber doch bemerkt, daß sich die Frage dahin entscheide, daß jede der beiden Personen als Urheber anzusehen sei, daß sie gegeneinander keine Rechte hätten, wohl aber beide jeden Dritten belangen könnten, der das Muster nachbildet.

Über die Form der Anmeldungen sind §§ 5, 6 u. 8 der Bestimmungen zu vergleichen. Eine Angabe des Gewerbszweiges ist nicht nötig.

Ob das Muster (Modell) oder seine Abbildung niedergelegt wird, steht im Ermessen des Anmelders. Die Niederlegung eines von beiden ist unbedingt nötig (eine bloße Beschreibung genügt nicht [RG. 49, 184]), ebenso wie zur Niederlegung die Anmeldung unbedingt nötig ist. Niederlegung der Abbildung wird namentlich bei Modellen geschehen, da solche schwer transportabel oder nur in einem Stück vorhanden sind. Die Abbildung kann eine photographische sein (Dambach S. 51).

Im übrigen vgl. § 7 der Bestimmungen, über die Beschreibung § 4 ebenda.

Eine Beschreibung des Musters kann, wie erwähnt, ein solches nie ersetzen. Dieser Umstand schließt aber nicht aus, daß der Niederlegung nicht eine Beschreibung beigefügt wird.

Die praktische Bedeutung der Anmeldung ist bei dem in Deutschland herrschenden System der Dezentralisation gering. Im übrigen ist zu beachten, daß Anmeldung und Eintragung kein Urheberrecht schaffen, wo keins da ist, sei es, daß die Anmeldung nicht vom Urheber oder dessen Rechtsnachfolger ausgeht, sei es, daß die Voraussetzungen eines Geschmacksmusters fehlen. Ist ein Unberechtigter eingetragen, so hat der Berechtigte den Löschungsanspruch „eine besondere Erscheinungsform des negatorischen Anspruchs" (Riezler S. 481), von dem auch die Rede sein kann „bei nachmaliger Anmeldung durch den Nichtberechtigten" (Allfeld, Kommentar zu § 7).

Auch kommt, was die praktische Bedeutung der Anmeldung anlangt, in Frage, daß nach dem Kunsturheberschutzgesetz das kunstgewerbliche Erzeugnis mit der Schöpfung des Werkes Schutz genießt. Aber auch diesem Gesetz gegenüber gilt der Vorteil des § 13 des Gesetzes (Riezler S. 481).

Zu Abs. 2: Die Anmeldung und Niederlegung müssen erfolgen, bevor ein nach dem Muster oder Modell gefertigtes Erzeugnis verbreitet wird. Wird die Anmeldung und Niederlegung vorgenommen, nachdem schon Erzeugnisse verbreitet sind, so hat sie — man nahm das an trotz des Gebrauchs elsäss. Industrieller, die ihre Neuerzeugnisse vor Eintragung erst den Kunden präsentierten (Bl. V, 19) — rechtlich keine Wirkung, das Muster ist schutzlos. Daß die Anmeldung und Niederlegung gleichzeitig geschehen müssen, ist im Gesetz nicht gesagt.

Bei der Gesetzesberatung schlug man vor, „auch einer nach der Verbreitung stattfindenden Eintragung die Wirkung beizulegen, daß wenigstens von der Eintragung ab der Schutz gegen Nachbildung beginnen soll. Allein dies wurde abgelehnt, da andernfalls jemand, der ein bereits verbreitetes, nicht eingetragenes Muster wohlberechtigt nachbildet, wegen unbefugter Nachbildung verfolgt werden könnte, wenn der Urheber inzwischen die Eintragung bewirkt hat, von welcher der Nachbildner aber nichts gewußt hat und nichts hat wissen können, da das Muster zu der Zeit, als er die Nachbildung begann, noch nicht eingetragen war." (Motive und Kommissionsbericht.)

Ob die Verbreitung durch den Urheber erfolgt oder nicht,

ob sie im In- oder Ausland geschieht, ob sie mit Einwilligung des Urhebers vorgenommen ist oder nicht, zu welchem Zwecke sie statthatte, das ist gleichgültig. Nur muß es sich tatsächlich um Verbreitung handeln und zwar eines Erzeugnisses. Von jener kann nicht die Rede sein, etwa bei Vorlegung eines Erzeugnisses an Interessenten unter dem Siegel der Verschwiegenheit, von diesem nicht, wenn nur die Abbildung des Musters verbreitet wird. (RGS. 5, 351.)

Eine Verbreitung liegt vor, wenn das Erzeugnis (die Nachbildung) in den Verkehr gebracht und solchergestalt anderen mitgeteilt und zugänglich gemacht worden ist. Allerdings ist zum Begriffe der Verbreitung nicht eine Veräußerung, die Übertragung des Eigentums an andere erforderlich; es genügt ein Zugänglichmachen zum Zwecke der Gebrauchsgestattung, ja unter Umständen selbst zum Zwecke bloßer Einsichtnahme. Immerhin müßte aber in dem letzteren Falle die Absicht, in welcher die Mitteilung erfolgt, auf ein Indenverkehrbringen, auf ein Zugänglichmachen für das Publikum, die Kundschaft, gerichtet und durch die erfolgte Übersendung mit der Verwirklichung dieser Absicht mindestens der Anfang gemacht worden sein. Die vereinzelte Übersendung an einen Geschäftsfreund zur bloßen Ansicht, um ihn dadurch zu Bestellungen zu veranlassen, ist nicht Verbreitung. Vgl. auch Bl. V, 39. Ob die Verbreitung durch den Urheber selbst oder ohne sein Wissen durch einen anderen geschah, ist gleichgültig. RGZ. 4, 110. Vgl. endlich RGS. 20, Bl. XI, 1903, wo gesagt ist, daß in der Übergabe eines einzigen, nach einem Muster hergestellten Warenstücks an die Reisenden des Unternehmers zwecks Einholung von Bestellungen darauf bei der Kundschaft eine Verbreitung des Erzeugnisses nicht zu erblicken ist.

Musterproben sind keine Erzeugnisse im Sinne des Abs. 2 RGS. Bl. VII, 150. Vgl. auch RGZ. Bl. V, 351.

Maßgeblich ist der Zeitpunkt der Anmeldung und Niederlegung.

„Gegen den, der vor der Anmeldung unberechtigter Weise die Verbreitung vornimmt, kann jetzt der Urheber, vorausgesetzt, daß die Erfordernisse des Kunsturheberschutzgesetzes gegeben, auf Grund dieses Gesetzes mit allen urheberrechtlichen Schutzmitteln vorgehen." (Riezler S. 482.)

Weitere Erfordernisse stellt das Gesetz nicht auf. Insbesondere fehlt das Erfordernis der sog. Registrierungsmarke, d. h. des Vermerks, daß das Fabrikat im Musterregister eingetragen ist. Man sprach sich dagegen aus, insbesondere weil sie sich nicht an jedem Stück der verkauften Marke anbringen lasse (z. B. bei Seidenwaren) und die Marke auch zu Irrtümern führe nach Ablauf der Schutzfrist.

Auch vom Erfordernis des Ausführungsnachweises wurde abgesehen, da in solchem eine ungerechtfertigte und unnötige Erschwerung des Urhebers gefunden wurde.

Was die Urteilsgründe anlangt, so bedarf es einer Feststellung, daß vor der Anmeldung keine Verbreitung stattgefunden hat, nur dann, wenn in der Hauptverhandlung ein Einwand dahin erhoben ist. RGS. 4, 214.

§ 8.

Der Schutz des gegenwärtigen Gesetzes gegen Nachbildung wird dem Urheber des Musters oder Modells nach seiner Wahl ein bis drei Jahre lang, vom Tage der Anmeldung (§ 7) ab, gewährt.

Der Urheber ist berechtigt, gegen Zahlung der im § 12 Abs. 3 bestimmten Gebühr, eine Ausdehnung der Schutzfrist bis auf höchstens fünfzehn Jahre zu verlangen. Die Verlängerung der Schutzfrist wird in dem Musterregister eingetragen.

Der Urheber kann das ihm nach Abs. 2 zustehende Recht außer bei der Anmeldung auch bei Ablauf der dreijährigen und der zehnjährigen Schutzfrist ausüben.

Im Wesen des Urheberrechts liegt seine zeitliche Begrenzung. Beim Musterschutz sind drei Arten der Fristsetzung denkbar. Entweder wird allgemein eine gleichlange Schutzfrist festgestellt oder sie wird nach verschiedenen Kategorien von Mustern verschieden gestaltet oder dem Urheber überlassen, innerhalb gewisser Grenzen die Dauer der Schutzfrist zu wählen. Das erste ist im Prinzip das richtige, doch wird hier weniger schutzwürdigen Mustern der gleiche Vorteil gewährt wie schutzwürdigen. Die Einteilung der Muster in Kategorien führt in der Praxis zu Schwierigkeiten, ermöglicht auch nicht eine möglichst enge Anpassung an die Bedürfnisse der Urheber. Deshalb wählte das deutsche Gesetz die dritte Art der Fristsetzung.

Die Mindestschutzfrist beträgt im Gegensatz zum ursprünglichen Gesetzentwurf, der eine Mindestdauer von fünf Jahren vorsah, gemäß der Beratung in der Reichstagskommission ein Jahr. Diese kurze Frist erschien ausreichend im Hinblick auf die Tatsache, daß auch ausländische Gesetze kurze Schutzfristen kennen und unbedeutende Muster, z. B. der Textilbranche, keinen zu langen Schutz nötig haben. Beantragt ein Urheber, wiewohl das im Hinblick auf die Gebührengleichheit kaum anzunehmen, eine kürzere Schutzfrist als ein Jahr, so wird das Gericht diesem Antrag nach dem Gesetzeswortlaut nicht zu entsprechen haben. Dagegen ist die Gewährung einer Schutzfrist etwa von $1^1/_2$ Jahren nicht ausgeschlossen, wiewohl auch ein solches Verlangen bei der Gebührengleichheit der Schutzfrist von $1^1/_2$ wie zwei Jahren schwerlich gestellt werden dürfte.

Bei der Anmeldung hat der Anmelder anzugeben, auf welche Schutzfrist er sein Recht erstreckt haben will. Bei dieser ersten Anmeldung kann der Anmelder nach seiner freien Wahl die Dauer der Schutzfrist bis zu 15 Jahren bestimmen. Erklärt sich der Anmelder nicht, so erfolgt die Eintragung auf nur ein Jahr.

Eine Verlängerung der Schutzfrist, deren Notwendigkeit sich je nach dem Absatz der Fabrikate erst im Lauf der

Zeit feststellen läßt, und zwar eine solche bis zu drei Jahren, kann jederzeit nachgesucht werden, die Ausdehnung der Schutzfrist auf mehr als drei Jahre dagegen nur bei der Anmeldung, bei dem Ablauf der dreijährigen Frist und dem Ablauf von zehn Jahren. Hat also jemand bei der Anmeldung eine achtjährige Frist eintragen lassen, so kann er nicht bei deren Ablauf eine Ausdehnung beantragen. Dagegen kann bei Ablauf der ersten Dreijahrsfrist eine Verlängerung sowohl um sieben als um zwölf Jahre beantragt werden, bei Ablauf der zweiten Frist von zehn Jahren dagegen nur eine solche um fünf Jahre. Als Zweck dieser Bestimmung wurde abgesehen, eine organische Verbindung mit der Gebührenzahlung zu schaffen. Die Verlängerung tritt kraft Gesetzes, nicht richterlichen Ausspruchs ein. Die Gebührenpflicht ist rechtliche Folge der Verlängerung, die Zahlung nicht Voraussetzung für die Verlängerung. RGZ. 46, 93 (97).

Verlängerungen der Schutzfristen sind von Amtswegen ohne Antrag in das Musterregister einzutragen.

Die Schutzfrist beginnt mit dem Tage der Anmeldung nach § 9 des Gesetzes. Der Urheber darf vorher kein nach dem Muster gefertigtes Erzeugnis verbreiten (§ 7). Für die Berechnung der Schutzfrist sind die §§ 187 Abs. 1, 188 Abs. 2 u. 3 BGB. maßgeblich. Die Schutzfrist endet also mit dem Ablauf des Tages des letzten Monats, der durch seine Zahl dem Tage der Anmeldung entspricht. Ein am 3. Januar 1911 auf zehn Jahre angemeldetes Muster ist bis zum Ablauf des 3. Januar 1921 geschützt. Fehlt der entsprechende Tag im Jahr des Fristablaufs (29. Februar), so endet die Frist am vorhergehenden Tag.

Der Schutz endet mit Ablauf der Schutzfrist. Weitere Endigungsgründe sind:

1. Verzicht, öffentlich ausgesprochen oder der Registerbehörde erklärt, die daraufhin die Löschung vornimmt (vgl. Bemerkungen zu § 8 des GebrMSchG.);
2. Rechtskraft des Urteils auf eine Löschungsklage hin;

3. nach § 16 Herstellung von dem Muster entsprechenden Erzeugnissen im Ausland, mag auch die Verbreitung im Inland stattgefunden haben („Große Bedeutung hat diese Bestimmung nicht, da trotz des Erlöschens des Musterschutzes der Kunstschutz auf Grund des KUG. bestehen bleibt" (Riezler).

Kein Endigungsgrund ist die Unterlassung der Gebührenzahlung oder die Unterlassung der Herstellung von Erzeugnissen nach dem Muster.

Über den Anspruch des Urhebers eines eingetragenen Geschmacksmusters auf teilweise Rückzahlung der für die Eintragung und Hinterlegung des Musters erhobenen Gebühr im Falle nachträglichen Verzichts auf einen Teil der Schutzfrist. KG. Bl. XII, 9.

§ 9.

Das Musterregister wird von den mit der Führung der Handelsregister beauftragten Gerichtsbehörden geführt.

Der Urheber hat die Anmeldung und Niederlegung des Musters oder Modells bei der Gerichtsbehörde seiner Hauptniederlassung, und falls er eine eingetragene Firma nicht besitzt, bei der betreffenden Gerichtsbehörde seines Wohnortes zu bewirken.

Urheber, welche im Inlande weder eine Niederlassung noch einen Wohnsitz haben, müssen die Anmeldung und Niederlegung bei dem Handelsgericht in Leipzig bewirken.

Die Muster oder Modelle können offen oder versiegelt, einzeln oder in Paketen niedergelegt werden. Die Pakete dürfen jedoch nicht mehr als 50 Muster oder Modelle enthalten und nicht mehr als 10 Kilogramm wiegen. Die näheren Vorschriften über die Führung des Musterregisters erläßt das Reichskanzleramt.

Die Eröffnung der versiegelt niedergelegten Muster erfolgt drei Jahre nach der Anmeldung (§ 7) beziehentlich, wenn die Schutzfrist eine kürzere ist, nach dem Ablaufe derselben.

Die Eintragung und die Verlängerung der Schutzfrist (§ 8 Al. 2) wird monatlich im Deutschen Reichsanzeiger bekanntgemacht. Die Kosten der Bekanntmachung hat der Anmeldende zu tragen.

Über die Frage, bei welcher Behörde das Musterregister zu führen sei, waren nach den Motiven die Ansichten der bei der Enquete vernommenen Sachverständigen geteilt. Allseitiges Einverständnis herrschte nur darüber, daß eine Zentralstelle nicht wünschenswert sei, weil die Anmeldung bei einer solchen für die Gewerbetreibenden mit großen Weitläufigkeiten verbunden sei. Dagegen wurden die Handelskammern, die Gerichte oder dritte Behörden in Vorschlag gebracht. Wenn man sich auf die Gerichte einte, so war maßgebend, daß schon zur Zeit der Entstehung des Gesetzes die Führung der Handelsregister im Reichsgebiet einheitlich war und daß sie damals auch die Zeichenregister führten. Von den Handelskammern sah man deswegen ab, weil sie nicht überall bestehen, nicht gleichmäßig organisiert sind usw.

Es besteht also keine Zentralisierung wie bei Patenten, Gebrauchsmustern und Zeichen, die bei der Zentralbehörde des Kaiserlichen Patentamts anzumelden und einzutragen sind.

Als Gerichtsbehörden sind zuständig die Amtsgerichte (Gesetz über die Angelegenheiten der freiwilligen Gerichtsbarkeit vom 17. Mai 1898 § 125).

Über die Anmeldung vgl. auch §§ 5, 6, 7 der Bestimmungen.

Zu Abs. 2 u. 3. Da das Musterregister auch den Zweck hat, dem Publikum Gelegenheit zu geben, sich darüber Gewißheit zu verschaffen, ob ein Muster oder Modell geschützt ist, mußte bestimmt ausgesprochen werden, bei welcher Gerichtsbehörde die Anmeldung oder Niederlegung zu erfolgen hat, damit jeder, der sich über die Schutzberechtigung eines anderen erkundigen will, weiß, an welches Gericht er sich zu wenden hat. Jede Anmeldung, die bei einer gesetzlich nicht zuständigen Behörde erfolgt, ist rechtlich wirkungslos und verschafft dem Muster nicht den Schutz gegen Nachbildung (Dambach S. 61).

Im Einzelfall ist zuständig für die Anmeldungen:

Von Urhebern deutscher Staatsangehörigkeit, für die im Inland eine Firma eingetragen ist, das Gericht des Sitzes dieser Firma, und zwar zunächst der Hauptniederlassung. Liegt diese im Ausland, so ist das Gericht der Zweigniederlassung zuständig, vorausgesetzt natürlich, daß letztere im Inland liegt.

Für Anmeldungen von Urhebern deutscher Staatsangehörigkeit, die im Inland eine Firma nicht besitzen, wohl aber im Gebiete des Inlands wohnen, das Gericht des Wohnsitzes. Hierfür sind §§ 7—11 BGB. und § 35 EG.BGB. beachtlich.

Für Anmeldungen von Urhebern deutscher Staatsangehörigkeit, die im Inland weder Firma noch Wohnsitz haben, das Amtsgericht zu Leipzig. (Die Bestimmung ist dem nicht mehr gültigen Markenschutzgesetz vom 30. November 1874 entlehnt.)

Für Anmeldungen von Urhebern nichtdeutscher Staatsangehörigkeit kommt § 16 in Betracht, wonach solche nur dann Anspruch auf Schutz haben, wenn sie im Gebiet des Deutschen Reichs ihre gewerbliche Niederlassung haben. Vgl. RGZ. 41, 82, wo ausgesprochen ist, daß ein Schweizer, der eine Zweigniederlassung in Berlin hat, die Anmeldung beim Amtsgericht Berlin zu bewirken hat, nicht in Leipzig.

Was Inland ist, besagt auch hier das Staatsrecht.

Zu Abs. 4 und 5: Die Bestimmung des Abs. 5 befand sich in dem dem Reichstag vorgelegten Entwurfe nicht, sondern ist erst von der Kommission des Reichstags eingefügt worden. Man wollte durch die Eröffnung den Industriellen die Möglichkeit geben, durch Einsicht der hinterlegten Muster Anregung zur Schaffung neuer Erzeugnisse zu erhalten, und glaubte, der Urheber müsse zufrieden sein, wenn sein Muster drei Jahre geheimgehalten werde.

Die Bestimmungen des Abs. 4 u. 5 sind überhaupt nach dem Kommissionsbericht Vermittelungsbestimmungen. Auf der einen Seite forderte man offene Hinterlegung, auf der anderen ebenso entschiedene Zulassung versiegelter Muster. Für jene spricht, daß es wesentlicher Zweck des Musterregisters ist, die Fabrikanten über den Schutz etwa nachzubildender Muster aufzuklären. Anderseits gibt die offene Hinterlegung die Muster der Konkurrenz preis, so daß der Konkurrent in der Lage ist, die Muster sofort zu benutzen, um im gleichen Geschmack ähnliche herzustellen, die zwar keine Nachbildungen sind, aber doch die volle Nutzung der angemeldeten Muster beeinträchtigen. Um beiden Standpunkten gerecht zu werden, beschloß man die jetzige Fassung, wonach der Urheber zwar die Wahl hat, ob er sein Muster oder Modell offen oder versiegelt niederlegen will, die Eröffnung auch des versiegelt niedergelegten Musters aber zu bestimmter Zeit erfolgt. Natürlich erlischt mit der Eröffnung der versiegelten Muster nicht etwa der Schutz gegen Nachbildung, sobald sich der Urheber eine längere Schutzfrist gewähren ließ, nur die Geheimhaltung des Musters hört auf. Hervorgehoben sei noch, daß dem Urheber natürlich jederzeit offensteht, ein bisher verschlossenes Muster öffnen zu lassen.

Über die Behandlung der niedergelegten Muster und Modelle nach Ablauf der Schutzfrist ist § 12 der Bestimmungen (s. Anhang) zu vergleichen. Diese Bestimmungen enthalten auch in den §§ 7ff. die in Abs. 4 des Gesetzes vorgesehenen, durch das Reichskanzleramt zu erlassenden näheren Vorschriften über die Führung des Musterregisters.

Eine den Vorschriften des Abs. 4 widersprechende Niederlegung ist von der Gerichtsbehörde zurückzuweisen. Vgl. § 7 der Bestimmungen.

Eine nur in der Form der Beschreibung des Musters erfolgende Niederlegung entspricht nicht den Anforderungen des Gesetzes.

„Bei der Niederlegung ist nicht, wie bei der Hinterlegung der §§ 688ff. BGB., die Verwahrung der Sache der die Regelung des Geschäftsinhalts beherrschende Zweck, sondern die Erleichterung einer Feststellung der Identität des angemeldeten Musters. Daher geht durch die Niederlegung zwar wie bei der Verwahrung das Eigentum am hinterlegten Exemplar nicht auf die Hinterlegungsstelle, deren Subjekt hier der Staat ist, über, im übrigen aber sind die Regeln über den Verwahrungsvertrag nicht ohne weiteres anzuwenden", „insbesondere sind die §§ 692, 693, 695, 696 BGB. nicht anwendbar, auch ist naturgemäß kein Raum für die Anwendung aller Vorschriften, die sich mit der Vergütung befassen" (Riezler S. 483).

§ 10.

Die Eintragungen in das Musterregister werden bewirkt, ohne daß eine zuvorige Prüfung über die Berechtigung des Antragstellers oder über die Richtigkeit der zur Eintragung angemeldeten Tatsachen stattfindet.

Der Paragraph entspricht dem § 40 des Gesetzes vom 11. Juni 1870 über das Urheberrecht an Schriftwerken, nach dem die Eintragungen in die Rolle ohne causae cognitio stattfinden. „Eine vorgängige causae cognitio würde zu unabsehbaren Verwickelungen führen und die mit Führung des Registers beauftragte Behörde in Privatrechtsstreitigkeiten bringen, was selbstverständlich vermieden werden muß" (Motive).

Die Eintragung in das Musterregister ist die behördliche Beurkundung der Anmeldung. Sie erfolgt ohne eine Prüfung in der im Paragraph angegebenen Richtung. Anders als im Patent- oder Warenzeichenrecht herrscht im Geschmacksmusterrecht nur das reine Anmelde-, kein Vorprüfungssystem. Formellen Erfordernissen, wie sie §§ 7 u. 9 des Gesetzes aufstellen und auch aus den Ausführungsbestimmungen (namentlich §§ 5 u. 6) erhellen, muß der Anmelder natürlich nachkommen.

Eine Prüfung findet also weder in der Richtung statt, ob der, der das Muster oder Modell anmeldet, es auch geschaffen hat, noch in der Richtung, ob der, der die Eintragung als Rechtsnachfolger des Urhebers verlangt, als solcher gehörig legitimiert ist, noch endlich über den Inhalt des Musters oder Modells. Es gibt also keine Prüfung, ob das Muster oder Modell eine eigene, neue, geistige Schöpfung ist. Damit verträgt sich natürlich eine Prüfung über die Identität des Antragstellers. Eine Prüfung, ob nicht ein Unberechtigter sich den Namen des Berechtigten bei der Anmeldung anmaßt, ist also angängig. Auch ist, „wenn ein Gegenstand angemeldet wird, an dem seiner Natur nach ein Geschmacksmusterrecht gar nicht bestehen kann, und dies ohne nähere Prüfung klar ist, wenn also z. B. ein neues Parfüm oder ein Kochrezept angemeldet wird, die Eintragung zu verweigern. Aus der Anmeldung entsteht in solchen Fällen nicht einmal der äußere Schein eines Rechts. Ist die Eintragung irrtümlich erfolgt, so kann das Registergericht sie von Amtswegen gemäß § 142 des Gesetzes über die freiwillige Gerichtsbarkeit löschen" (Riezler S. 484).

Die Eintragung ist ohne Einfluß auf die Entstehung des Musterrechts. Sie hat nicht die Wirkung, daß das Muster während der Dauer der Eintragung von vornherein als geschützt gilt. „Wenn die Richtigkeit der eingetragenen Tatsachen später bestritten wird, muß es den Beteiligten überlassen bleiben, ihre gegenseitigen Behauptungen im Rechtswege zum Austrag zu bringen" (Motive). Vgl. auch RGS. 13, 144.

Da die Anmeldung schon den Schutz begründet, kann, solange die Eintragung noch nicht erfolgt ist oder versagt wird, der Anmelder etwaige Eingriffe in sein Recht verfolgen. Das Prozeßgericht hat dann zu prüfen, ob die Anmeldung vorschriftsmäßig erfolgt ist (Osterrieth, Lehrbuch S. 242).

Gegen die die Anmeldung zurückweisende Verfügung hat der Anmelder das Rechtsmittel der einfachen und fristlosen

Beschwerde an das Landgericht und das Oberlandesgericht (Osterrieth, Lehrbuch S. 241).

Berichtigungen offenbar falscher Eintragungen sind denkbar.

Bei der Eintragung wird das Muster nicht näher beschrieben, doch ist der Zeitpunkt der Eintragung zu vermerken. Im „Deutschen Reichsanzeiger" erfolgt monatliche Bekanntgabe der Eintragungen. Die Kosten solcher treffen den Anmelder.

Eintragungsscheine werden nur auf Verlangen der Anmelder ausgestellt.

§ 11.

Es ist jedermann gestattet, von dem Musterregister und den nicht versiegelten Mustern und Modellen Einsicht zu nehmen und sich beglaubigte Auszüge aus dem Musterregister erteilen zu lassen. In Streitfällen darüber, ob ein Muster oder Modell gegen Nachbildung geschützt ist, können zur Herbeiführung der Entscheidung auch die versiegelten Pakete von der mit der Führung des Musterregisters beauftragten Behörde geöffnet werden.

Die Motive sagen über die Öffentlichkeit des Musterregisters: Das Musterregister ist unter anderem wesentlich dazu bestimmt, dem Fabrikanten, welcher ein fremdes Muster oder Modell nachbilden will, die Möglichkeit zu gewähren, sich Überzeugung davon zu verschaffen, ob das Muster überhaupt gegen Nachbildung geschützt ist, und an wen er sich zu wenden habe, um die Genehmigung zur Nachbildung zu erlangen. Mit Rücksicht auf diesen Zweck des Musterregisters mußte dasselbe ebenso wie das Handelsregister öffentlich und jedermann zugänglich sein.

Die Eröffnung der versiegelten Pakete wird nur in Streitfällen erfolgen, d. h. in Fällen von Rechtsstreitigkeiten, gleichviel ob sie im Weg des Zivilprozesses oder Strafprozesses oder des Schiedsgerichts entschieden werden (Motive.) Die

Eröffnung geschieht durch die das Musterregister führende Gerichtsbehörde, nicht aus eigener Entschließung und selbständig, sondern auf Antrag des Urhebers oder Gerichts, Schiedsrichters oder der Staatsanwaltschaft.

Das Gesetz will, wie bei seiner Beratung deutlich zur Erkennung kam, den Urheber gegen Verletzung des durch Niederlegung der versiegelten Muster und Modelle gewahrten Geschäftsgeheimnisses schützen. Deshalb wird eine Privatperson, die nicht der Urheber, selbst wenn sie Prozeßpartei, die Eröffnung nicht beanspruchen können. Um die Offenlegung des Musters zu erreichen, brauchte sie ja nur gegen den Urheber auf Anerkennung der Nichtberechtigung Klage zu erheben und dann die Eröffnung des Musterpakets zu begehren (Allfeld, Kommentar zu § 11).

Der Urheber kann jederzeit, auch außerhalb eines Rechtsstreits, die Eröffnung des versiegelt hinterlegten Pakets verlangen. Es folgt dies aus § 9 Abs. 4 des Gesetzes.

§ 12.

Alle Eingaben, Verhandlungen, Atteste, Beglaubigungen, Zeugnisse, Auszüge usw., welche die Eintragung in das Musterregister betreffen, sind stempelfrei.

Für jede Eintragung und Niederlegung eines einzelnen Musters oder eines Pakets mit Mustern usw. (§ 9) wird, insofern die Schutzfrist auf nicht länger als drei Jahre beansprucht wird (§ 8 Abs. 1), eine Gebühr von 1 Mark für jedes Jahr erhoben.

Nimmt der Urheber in Gemäßheit des § 8 Abs. 2 eine längere Schutzfrist in Anspruch, so hat er für jedes weitere Jahr bis zum zehnten Jahre einschließlich eine Gebühr von 2 Mark, von elf bis fünfzehn Jahren eine Gebühr von 3 Mark für jedes einzelne Muster oder Modell zu entrichten. Für jeden Eintragungsschein, sowie für jeden sonstigen Auszug aus dem Musterregister wird eine Gebühr von je 1 Mark erhoben.

Bei Festlegung der Gebühr erwog man, daß die Gebühr keine Einnahmequelle sein solle, sondern nur ein Entgelt für die Eintragung und Mühewaltung der Aufbewahrung, daß die Gebühr niedrig sein müsse, um die Wirksamkeit des Gesetzes nicht zu lähmen, und daß die Muster, die einer längeren Schutzfrist wert wären, diese gern durch eine etwas erhöhte Gebühr erkaufen würden.

Die Höhe der Gebühren gestaltet sich danach wie folgt:

1 Mark für ein einzelnes Muster oder ein Paket mit höchstens 50 Mustern bei einer Schutzfrist von einem Jahr,

2 Mark unter gleicher Voraussetzung bei einer Frist von zwei Jahren,

3 Mark unter gleicher Voraussetzung bei einer Frist von drei Jahren,

danach bei einer Schutzfrist von vier bis zehn Jahren 3 Mark für die ersten drei Jahre und außerdem 2 Mark für jedes weitere Jahr und für jedes einzelne Muster,

bei einer Schutzfrist von elf bis fünfzehn Jahren 3 Mark für die ersten drei, je 2 Mark für das vierte bis einschl. zehnte und dann je 3 Mark für jedes folgende Jahr und für jedes einzelne Muster.

Nimmt jemand den Schutz für die volle Dauer der 15 Jahre in Anspruch, so hat er 3 + 14 + 15 = 32 Mark zu zahlen.

Dabei ist beachtlich, daß die Verlängerung der Schutzfrist auf die Dauer von über drei Jahren nicht nur für die Erhöhung des Gebührensatzes wesentlich ist, sondern auch insofern verteuernd wirkt, als (vgl. § 9) die Öffnung der versiegelten, bis zu 50 Muster oder Modelle enthaltenden Pakete spätestens drei Jahre nach der Anmeldung erfolgt, danach aber für jedes einzelne Muster oder Modell die volle Gebühr zu erheben ist.

Weitere Kosten erwachsen, abgesehen von denjenigen für die Erteilung von Eintragungsscheinen und Auszügen aus dem Musterregister (vgl. Schluß des Paragraphen), nach § 8 der Bestimmungen durch die Bekanntmachung der Eintragung im Reichsanzeiger. Nach derselben Bestimmung erfolgt die Erteilung von Eintragungsscheinen nur auf ausdrückliches Verlangen des Anmeldenden.

Andere Kosten (so landesgesetzliche für die Protokollabfassung u. dgl.) können nicht erhoben werden.

Das Verlangen des Anmeldenden ist auch maßgeblich für die Erhebung der Gebühren. Wünscht es ein Anmelder, so geschieht die Erhebung durch Einziehung mittels Postvorschusses, andernfalls hat er für Einsendung an das Gericht Sorge zu tragen.

Die Gebühren werden für jedes Jahr der nachgesuchten Schutzfrist erhoben. Jedes angefangene Jahr wird für voll gerechnet. Nimmt also jemand den Gesetzesschutz nur für $1^1/_2$ Jahre in Anspruch, muß er doch die Gebühren für volle zwei Jahre bezahlen.

§ 13.

Derjenige, welcher nach Maßgabe des § 7 das Muster oder Modell zur Eintragung in das Musterregister angemeldet und niedergelegt hat, gilt bis zum Gegenbeweise als Urheber.

Die Bestimmung entspricht dem § 28 des Ges. vom 11. Juni 1870, betr. das Urheberrecht an Schriftwerken und dem österr. Gesetz vom 7. Dezember 1858. Nach den allgemeinen Regeln des Zivilprozesses hätte der Urheber eines Musters und Modells in dem Prozesse wegen unbefugter Nachbildung seines Werks zu beweisen, daß er das Werk selbständig geschaffen hat. Der Beweis ist schwer, zumal wenn es sich um Muster aus älterer Zeit handelt. Um schikanösen Einreden vorzubeugen und den Urheber der Notwendigkeit zu entheben, trotz Eintragung noch zu beweisen, daß er das Muster oder

Modell selbst erfunden habe, ist die Bestimmung des § 13 ins Gesetz eingefügt worden. Im Gebrauchsmusterschutzgesetz fehlt solche Vermutung.

Voraussetzung für die Rechtsvermutung ist eine Anmeldung nach § 7 des Gesetzes. Die dort vorgesehene Niederlegung eines Exemplars oder einer Abbildung des Musters usw. wird auch hier gefordert.

Die Praxis (vgl. Riezler S. 49) erstreckt die Vermutung nicht nur auf die mit der Urheberschaft von selbst gegebene Eigentümlichkeit, sondern auch auf die an sich von ihr verschiedene Neuheit des Musters (RGS. Bl. XIII, 157), als ob eine Vermutung des Urheberrechts vorgeschrieben wäre. . . . Die Auffassung kann natürlich nur gelten, soweit es sich um Eigentümlichkeit und Neuheit handelt, nicht soweit die Zugehörigkeit des Musters zur Kategorie des schutzfähigen Geschmacksmusters überhaupt in Frage steht. Diese Zugehörigkeit wird in § 13 nicht vermutet, sondern vorausgesetzt. Vgl. auch RGS. 4, 34.

Allfeld (Kommentar zu § 13) weist mit Recht darauf hin, daß man bei Beratung des Gesetzes den Begriff des Urhebers die Tragweite beigemessen, mit ihm sei der der Neuheit des Musters untrennbar verbunden und in diesem Sinne sei auch der Begriff „Urheber" im § 13 zu verstehen.

Über die Bedeutung der Rechtsvermutung für die Frage der Beweislast vgl. RGZ. 61, 182, wo gesagt, daß Beklagte, die behaupteten, daß die dem Kläger geschützten Muster mit früher bekannten und im Verkehr befindlichen identisch seien, die Beweislast treffe. Vgl. auch RGZ. 8, 20.

Die Vermutung des § 13 gilt auch für das Strafverfahren, da der § 13 für den ganzen Inhalt des Gesetzes, also auch für § 14 und die durch diesen eingeführten Strafbestimmungen anwendbar sein soll und seine fortdauernde Geltung nach dem Erlaß der Strafprozeßordnung aus § 5 des Einführungsgesetzes zu dieser folgt. RGZ. 8, 20. RGS. 30, 145, wonach aber für das Strafverfahren das Recht des

Strafrichters bestehen bleibt, gemäß § 243 StPO. von Amts wegen Beweiserhebungen anzuordnen.

Gegen die im § 13 aufgestellte Rechtsvermutung ist natürlich der Gegenbeweis zulässig. Für diesen Gegenbeweis sind bestimmte Beweisregeln nicht vorgeschrieben.

Vgl. auch RGZ. 45, 61, wonach, wenn die Eintragung zu Unrecht erfolgte, eine negatorische Klage zulässig ist des Inhalts, daß ein Beklagter nicht berechtigt ist, Muster als „gesetzlich geschützt" in Verkehr zu bringen. Die Klage ist eine Untersagungsklage, also nicht an die Voraussetzungen der Feststellungsklage gebunden. Die Klage wird zwar im Gesetz nicht ausdrücklich genannt, folgt aber aus allgemeinen Grundsätzen, insbesondere aus dem durch § 1 der GewO. gegebenen Recht oder seiner gewerblichen Betätigung. So auch OLG. Cöln Bl. XII, 284. A. M. LG. Chemnitz Bl. XIII, 139. Auch kann aus § 1 der GewO. vorgegangen werden gegen den, der ein eingetragenes Geschmacksmuster, das nicht neu und eigentümlich ist, als „gesetzlich geschützt" bezeichnet. RGZ. Bl. VI, 186. Über die Anerkennungsklage des Inhalts vgl. Bl. IV, 87.

§ 14.

Die Bestimmungen in den §§ 18—36, 38 des Gesetzes vom 11. Juni 1870, betr. das Urheberrecht an Schriftwerken usw. (Bundes-Gesetzbl. 1870 S. 339) finden auch auf das Urheberrecht an Mustern und Modellen mit der Maßgabe entsprechende Anwendung, daß die vorrätigen Nachbildungen und die zur widerrechtlichen Vervielfältigung bestimmten Vorrichtungen nicht vernichtet, sondern auf Kosten des Eigentümers und nach Wahl desselben entweder ihrer gefährdenden Form entkleidet oder bis zum Ablauf der Schutzfrist amtlich aufbewahrt werden.

Die Sachverständigen-Vereine, welche nach § 31 des genannten Gesetzes Gutachten über die Nachbildung von

Mustern oder Modellen abzugeben haben, sollen aus Künstlern, aus Gewerbetreibenden verschiedener Gewerbezweige und aus sonstigen Personen, welche mit dem Muster- und Modellwesen vertraut sind, zusammengesetzt werden.

Gesetz, betreffend das Urheberrecht an Schriftwerken, Abbildungen, musikalischen Kompositionen und dramatischen Werken. Vom 11. Juni 1870.

Wir Wilhelm, von Gottes Gnaden König von Preußen rc. verordnen im Namen des Norddeutschen Bundes, nach erfolgter Zustimmung des Bundesrates und des Reichstages, was folgt: . . . .

§ 18. Wer vorsätzlich oder aus Fahrlässigkeit einen Nachdruck (§§ 4 ff.) in der Absicht, denselben innerhalb oder außerhalb des Norddeutschen Bundes zu verbreiten, veranstaltet, ist dem Urheber oder dessen Rechtsnachfolger zu entschädigen verpflichtet und wird außerdem mit einer Geldstrafe bis zu eintausend Talern bestraft.

Die Bestrafung des Nachdrucks bleibt jedoch ausgeschlossen, wenn der Veranstalter desselben auf Grund entschuldbaren, tatsächlichen oder rechtlichen Irrtums in gutem Glauben gehandelt hat.

Kann die verwirkte Geldstrafe nicht beigetrieben werden, so wird dieselbe nach Maßgabe der allgemeinen Strafgesetze in eine entsprechende Freiheitsstrafe bis zu sechs Monaten umgewandelt.

Statt jeder aus diesem Gesetze entspringenden Entschädigung kann auf Verlangen des Beschädigten neben der Strafe auf eine an den Beschädigten zu erlegende Geldbuße bis zum Betrage von zweitausend Talern erkannt werden. Für diese Buße haften die zu derselben Verurteilten als Gesamtschuldner.

Eine erkannte Buße schließt die Geltendmachung eines weiteren Entschädigungsanspruches aus.

Wenn den Veranstalter des Nachdrucks kein Verschulden trifft, so haftet er dem Urheber oder dessen Rechtsnachfolger für den entstandenen Schaden nur bis zur Höhe seiner Bereicherung.

§ 19. Darüber, ob ein Schaden entstanden ist, und wie hoch sich derselbe beläuft, desgleichen über den Bestand und die Höhe einer Bereicherung, entscheidet das Gericht unter Würdigung aller Umstände nach freier Überzeugung.

§ 20. Wer vorsätzlich oder aus Fahrlässigkeit einem anderen zur Veranstaltung eines Nachdrucks veranlaßt, hat die im § 18 festgesetzte Strafe verwirkt, und ist den Urheber oder dessen Rechtsnachfolger nach Maßgabe der §§ 18 und 19 zu entschädigen verpflichtet, und zwar selbst dann, wenn der Veranstalter des Nachdrucks nach § 18 nicht strafbar oder ersatzverbindlich sein sollte.

Wenn der Veranstalter des Nachdrucks ebenfalls vorsätzlich oder aus Fahrlässigkeit gehandelt hat, so haften beide dem Berechtigten solidarisch.

Die Strafbarkeit und die Ersatzverbindlichkeit der übrigen Teilnehmer am Nachdruck richtet sich nach den allgemeinen gesetzlichen Vorschriften.

§ 21. Die vorrätigen Nachdrucksexemplare und die zur widerrechtlichen Vervielfältigung ausschließlich bestimmten Vorrichtungen, wie Formen, Platten, Steine, Stereotypabgüsse usw., unterliegen der Einziehung. Dieselben sind, nachdem die Einziehung dem Eigentümer gegenüber rechtskräftig erkannt ist, entweder zu vernichten oder ihrer gefährdenden Form zu entkleiden und alsdann dem Eigentümer zurückzugeben.

Wenn nur ein Teil des Werkes als Nachdruck anzusehen ist, so erstreckt sich die Einziehung nur auf den als Nachdruck erkannten Teil des Werkes und die Vorrichtungen zu diesem Teile.

Die Einziehung erstreckt sich auf alle diejenigen Nachdrucksexemplare und Vorrichtungen, welche sich im Eigentum des Veranstalters des Nachdrucks, des Druckers, der Sortimentsbuchhändler, der gewerbsmäßigen Verbreiter und desjenigen, welcher den Nachdruck veranlaßt hat (§ 20) befinden.

Die Einziehung tritt auch dann ein, wenn der Veranstalter oder Veranlasser des Nachdrucks weder vorsätzlich noch fahrlässig gehandelt hat (§ 18). Sie erfolgt auch gegen die Erben desselben.

Es steht dem Beschädigten frei, die Nachdruckexemplare und Vorrichtungen ganz oder teilweise gegen die Herstellungskosten zu übernehmen, insofern nicht die Rechte eines Dritten dadurch verletzt oder gefährdet werden.

§ 22. Das Vergehen des Nachdrucks ist vollendet, sobald ein Nachdruckexemplar eines Werkes den Vorschriften des gegenwärtigen Gesetzes zuwider, sei es im Gebiete des Norddeutschen Bundes, sei es außerhalb desselben, hergestellt worden ist.

Im Falle des bloßen Versuchs des Nachdrucks tritt weder eine Bestrafung noch eine Entschädigungsverbindlichkeit des Nachdruckers ein. Die Einziehung der Nachdrucksvorrichtungen (§ 21) erfolgt auch in diesem Falle.

§ 23. Wegen Rückfalls findet eine Erhöhung der Strafe über das höchste gesetzliche Maß (§ 18) nicht statt.

§ 24. Wenn in den Fällen des § 7 Lit. a die Angabe der Quelle oder des Namens des Urhebers vorsätzlich oder aus Fahrlässigkeit unterlassen wird, so haben der Veranstalter und der Veranlasser des Abdrucks eine Geldstrafe bis zu zwanzig Talern verwirkt.

Eine Umwandlung der Geldstrafe in Freiheitsstrafe findet nicht statt.

Eine Entschädigungspflicht tritt nicht ein.

§ 25. Wer vorsätzlich Exemplare eines Werkes, welche den Vorschriften des gegenwärtigen Gesetzes zuwider angefertigt worden sind, innerhalb oder außerhalb des Norddeutschen Bundes gewerbemäßig feilhält, verkauft oder in sonstiger Weise verbreitet, ist nach Maßgabe des von ihm verursachten Schadens den Urheber oder dessen Rechtsnachfolger zu entschädigen verpflichtet und wird außerdem mit Geldstrafe nach § 18 bestraft.

Die Einziehung der zur gewerbemäßigen Verbreitung bestimmten Nachdrucksexemplare nach Maßgabe des § 21 findet auch dann statt, wenn der Verbreiter nicht vorsätzlich gehandelt hat.

Der Entschädigungspflicht, sowie der Bestrafung wegen Verbreitung unterliegen auch der Veranstalter und Veranlasser des Nachdrucks, wenn sie nicht schon als solche entschädigungspflichtig und strafbar sind.

f) Verfahren.

§ 26. Sowohl die Entscheidung über den Entschädigungsanspruch, als auch die Verhängung der im gegenwärtigen Gesetze angedrohten Strafen und die Einziehung der Nachdrucksexemplare usw. gehört zur Kompetenz der ordentlichen Gerichte.

Die Einziehung der Nachdrucksexemplare usw. kann sowohl im Strafrechtswege beantragt, als im Zivilrechtswege verfolgt werden.

§ 27. Das gerichtliche Strafverfahren ist nicht von Amtswegen, sondern nur auf den Antrag des Verletzten einzuleiten. Der Antrag auf Bestrafung kann bis zur Verkündung eines auf Strafe lautenden Erkenntnisses zurückgenommen werden.

§ 28. Die Verfolgung des Nachdrucks steht jedem zu, dessen Urheber- oder Verlagsrechte durch die widerrechtliche Vervielfältigung beeinträchtigt oder gefährdet sind.

Bei Werken, welche bereits veröffentlicht sind, gilt bis zum Gegenbeweise derjenige als Urheber, welcher nach Maßgabe des § 11 Abs. 1, 2 auf dem Werke als Urheber angegeben ist.

Bei anonymen und pseudonymen Werken ist der Herausgeber, und wenn ein solcher nicht angegeben ist, der Verleger berechtigt, die dem Urheber zustehenden Rechte wahrzunehmen. Der auf dem Werke angegebene Verleger gilt ohne weiteren Nachweis als der Rechtsnachfolger des anonymen oder pseudonymen Urhebers.

§ 29. In den Rechtsstreitigkeiten wegen Nachdrucks, einschließlich der Klagen wegen Bereicherung aus dem Nachdruck, hat der Richter, ohne an positive Regeln über die Wirkung der Beweismittel gebunden zu sein, den Tatbestand nach seiner freien, aus dem Inbegriff der Verhandlungen geschöpften Überzeugung festzustellen.

Ebenso ist der Richter bei Entscheidung der Frage: ob der Nachdrucker oder der Veranlasser des Nachdrucks (§§ 18, 20) fahrlässig gehandelt hat, an die in den Landesgesetzen vorgeschriebenen verschiedenen Grade der Fahrlässigkeit nicht gebunden.

§ 30. Sind technische Fragen, von welchen der Tatbestand des Nachdrucks oder der Betrag des Schadens oder der Bereicherung abhängt, zweifelhaft oder streitig, so ist der Richter befugt, das Gutachten Sachverständiger einzuholen.

§ 31. In allen Staaten des Norddeutschen Bundes sollen aus Gelehrten, Schriftstellern, Buchhändlern und anderen geeigneten Personen Sachverständigenvereine gebildet werden, welche, auf Erfordern des Richters, Gutachten über die an sie gerichteten Fragen abzugeben verpflichtet sind. Es bleibt den einzelnen Staaten überlassen, sich zu diesem Behufe an andere Staaten des Norddeutschen Bundes anzuschließen oder auch mit denselben sich zur Bildung gemeinschaftlicher Sachverständigenvereine zu verbinden.

Die Sachverständigenvereine sind befugt, auf Anrufen der Beteiligten über streitige Entschädigungsansprüche und die Einziehung nach Maßgabe der §§ 18 bis 21 als Schiedsrichter zu verhandeln und zu entscheiden.

Das Bundeskanzleramt erläßt die Instruktion über die Zusammensetzung und den Geschäftsbetrieb der Sachverständigenvereine.

§ 32. Die in den §§ 12 und 13 des Gesetzes, betreffend die Errichtung eines obersten Gerichtshofes für Handelssachen vom 12. Juni 1869 (Bundesgesetzbl. S. 201), geregelte Zuständigkeit des Bundesoberhandelsgerichts zu Leipzig wird auf diejenigen bürgerlichen Rechtsstreitigkeiten ausgedehnt, in welchen auf Grund der Bestimmungen dieses Gesetzes durch die Klage ein Entschädigungsanspruch oder ein Anspruch auf Einziehung geltend gemacht wird.

Das Bundesoberhandelsgericht tritt auch in den nach den Bestimmungen dieses Gesetzes zu beurteilenden Strafsachen an die Stelle des für das Gebiet, in welchem die Sache in erster Instanz anhängig geworden ist, nach den Landesgesetzen bestehenden obersten Gerichtshofes, und zwar mit derjenigen Zuständigkeit, welche nach diesen Landesgesetzen dem obersten Gerichtshofe gebührt.

In den zufolge der vorstehenden Bestimmung zur Zuständigkeit des Bundesoberhandelsgerichts gehörenden Strafsachen bestimmt sich das Verfahren auch bei diesem Gerichtshofe nach den für das Gebiet, aus welchem die Sache an das Bundesoberhandelsgericht gelangt, geltenden Strafprozeßgesetzen. Die Verrichtungen der Staatsanwaltschaft in diesen Strafsachen werden bei dem Bundesoberhandelsgericht von dem Staatsanwalt wahrgenommen, welcher dieselben bei dem betreffenden obersten Landesgerichtshofe wahrzunehmen hat. Der bezeichnete Staatsanwalt kann sich jedoch bei der mündlichen Verhandlung durch einen in Leipzig angestellten Staatsanwalt oder durch einen in Leipzig wohnenden Advokaten vertreten lassen.

Strafsachen, für welche in letzter Instanz das Bundesoberhandelsgericht zuständig ist, und Strafsachen, für welche in letzter Instanz der oberste Landesgerichtshof zuständig ist, können in einem Strafverfahren nicht verbunden werden.

Die Bestimmungen der §§ 10, 12 Abs. 2, § 16 Abs. 2, §§ 17, 18, 21 und 22 des Gesetzes vom 12. Juni 1869 finden auch auf die zur Zuständigkeit des Bundesoberhandelsgerichts gehörenden Strafsachen entsprechende Anwendung.

g) Verjährung.

§ 33. Die Strafverfolgung des Nachdrucks und die Klage auf Entschädigung wegen Nachdrucks, einschließlich der Klage wegen Bereicherung (§ 18), verjähren in drei Jahren.

Der Lauf der Verjährung beginnt mit dem Tage, an welchem die Verbreitung der Nachdrucksexemplare zuerst stattgefunden hat.

§ 34. Die Strafverfolgung der Verbreitung von Nachdrucksexemplaren und die Klage auf Entschädigung wegen dieser Verbreitung (§ 25) verjähren ebenfalls in drei Jahren.

Der Lauf der Verjährung beginnt mit dem Tage, an welchem die Verbreitung zuletzt stattgefunden hat.

§ 35. Der Nachdruck und die Verbreitung von Nachdrucksexemplaren sollen straflos bleiben, wenn der zum Strafantrage Berechtigte den Antrag binnen drei Monaten nach erlangter Kenntnis von dem begangenen Vergehen und von der Person des Täters zu machen unterläßt.

§ 36. Der Antrag auf Einziehung und Vernichtung der Nachdrucksexemplare sowie der zur widerrechtlichen Vervielfältigung ausschließlich bestimmten Vorrichtungen (§ 21) ist so lange zulässig, als solche Exemplare und Vorrichtungen vorhanden sind.

§ 38. Die allgemeinen gesetzlichen Vorschriften bestimmen, durch welche Handlungen die Verjährung unterbrochen wird.

Die Einleitung des Strafverfahrens unterbricht die Verjährung der Entschädigungsklage nicht, und ebensowenig unterbricht die Anstellung der Entschädigungsklage die Verjährung des Strafverfahrens.

Nach § 64 des Gesetzes vom 19. Juni 1901 ist das Gesetz vom 11. Juni 1870 im allgemeinen außer Kraft gesetzt worden, doch werden die Bestimmungen bestehen gelassen, die im gegenwärtigen Gesetz für anwendbar erklärt sind.

Die Vorschriften über die Zusammensetzung der Sachverständigenvereine mußten entsprechend geändert werden.

Die weitere Änderung der Nichtvernichtung von Abbildungen und Vorrichtungen beruht auf der Erwägung, daß die Fabrikate oft erheblichen Wert haben.

Was das Verfahren anlangt, so hat im Strafverfahren der Angeklagte nicht zu beweisen, daß das eingetragene Modell keine Neuheit sei. Das Gericht hat die dienlichen Beweise anzuordnen. RGS. Bl. III, 174.

Im übrigen vergleiche:

Zu § 18: Vorsatz: Der Täter muß wissen, daß das Muster angemeldet und hinterlegt und das rechtzeitig geschehen ist, daß das Muster neu, daß es ein Geschmacksmuster, daß es noch nicht erloschen und die Voraussetzungen des § 16 vorliegen.

Eventualdolus genügt.

Fahrlässigkeit: Wenn jemand wußte, daß ein Musterrecht begründet wurde, so ist Nichteinziehung der Erkundigung über seine Dauer in der Regel Fahrlässigkeit. Vgl. über Vorsatz oder Fahrlässigkeit bei Geschmacksmusterverleihungen: Bl. I, 119, II, 181, 327.

Im allgemeinen ist zu merken:

Es gibt keine gesetzliche Bestimmung, die allgemein — besondere Umstände abgerechnet, RGS. Bl. XII, 122 — dem Nachbildner irgendeines im Verkehr befindlichen Artikels die Verpflichtung auferlegt, sich vorher über einen etwa bestehenden Schutz dieses Gegenstandes als Modell oder Muster zu vergewissern. RGS. 20, 211. Vgl. auch RGS. 9, 422. Die bloße Begründung der Fahrlässigkeit in der Weise, daß angesichts der durch die berufene Behörde tatsächlich erfolgten Eintragung des Musters als Geschmacksmuster der gute Glaube nicht durch einen irrigen Rat des Rechtsbeistandes hergestellt werden könne, reicht nicht aus. RGS. 30, 144.

Geringfügige Änderungen der Nachbildung schützen nicht vor Strafe. Der Standpunkt des Durchschnittspublikums ist maßgeblich: Bl. I, 207. Die bloß mechanische (auch teilweise)

Nachbildung eines Musters ist verboten auch unter Anbringung von Änderungen, denen kein neuer künstlerischer Gedanke, keine selbständige geistige Tätigkeit des Schöpfers zugrunde liegt. Die Möglichkeit oder Wahrscheinlichkeit einer Verwechselung spielt im Gebiet des Gesetzes keine Rolle. RGS. Bl. VII 119.

Wer vom Inland aus im Ausland die verbotene Vervielfältigung eines Musters herstellen läßt, ist als Veranstalter strafbar. Bl. XIII, 138.

Verbotene Nachbildung liegt auch dann vor, wenn zwar das plastische Muster nicht unmittelbar nachgebildet wird, wohl aber die technischen Mittel geboten werden, mit deren Hilfe die Nachbildung möglich ist. RGS. Bl. X, 271.

Es bleibt dieselbe Tat, und der Strafantrag behält seine Wirksamkeit, wenn der Schutz des als verletzt bezeichneten Geschmacksmusters aus einer anderen Anmeldung als angegeben hergeleitet wird, diese aber dasselbe Urheberrecht zum Gegenstande hat. RJ. 42, 238.

Zivilistisch bestehen die Schadensersatzklage, die negatorische Klage (gegen Verletzung wie gegen Gefährdung) und die Feststellungsklage.

Zu § 21: Anwendbar ist § 21 Abs. 5, wonach der Beschädigte unbeschadet der Rechte Dritter die Nachbildungsexemplare und Vorrichtungen ganz oder teilweise gegen die Herstellungskosten übernehmen kann.

Zu § 22 Abs. 2: Die Einziehung hat beim Verzug ohne Rücksicht auf den guten oder schlechten Glauben zu erfolgen. RGS. Bl. III, 160.

Zu § 24: Im Musterschutzgesetz ist für den Fall erlaubter Nachbildung die Quellenangabe nicht vorgeschrieben, § 24 also doch nicht anwendbar, obwohl das nach dem Gesetzeswortlaut der Fall sein sollte.

Zu § 28: Vgl. hierzu (Abs. 2 und 3) § 13 des Gesetzes.

Zu § 31: Vgl. hierzu die Instruktion des Reichskanzleramtes vom 29. Februar 1876 (Abänderungen vom 16. Juli

1879 und 25. Oktober 1882), betr. Bestimmungen über die Zusammensetzung und den Geschäftsbetrieb der künstlerischen, photographischen und gewerblichen Sachverständigenvereine (ZBl. f. d. D. R.).

Zu § 32: Die Bestimmung ist durch das Gerichtsverfassungsgesetz beseitigt. Da bis zum Inkrafttreten des GVG. die Streitigkeiten in Musterschutzsachen zur Zuständigkeit des Reichsoberhandelsgerichts gehörten, kann die Entscheidung der Revisionen in Bayern nicht dem obersten Landesgericht überlassen werden.

§ 15.

Bürgerliche Rechtsstreitigkeiten, in welchen auf Grund der Bestimmungen dieses Gesetzes eine Klage wegen Entschädigung, Bereicherung oder Einziehung angestellt wird, gelten im Sinne der Reichs- und Landesgesetze als Handelssachen.

Die Motive sagen: „Das Muster- und Modellwesen hängt so eng mit dem Handelsrecht zusammen, daß es unbedenklich erschien, diese Bestimmung aus dem Markenschutzgesetz hierher zu übertragen."

Es wird nur ausgesprochen, daß die bürgerlichen Rechtsstreitigkeiten wegen Entschädigung, Bereicherung oder Einziehung — nach unbefugter Nachbildung — als Handelssachen angesehen werden. Nicht etwa ist gesagt, daß die materiellen Rechtsverhältnisse Handelssachen im Sinne des HGB. sind.

Vgl. jetzt auch GVG. in der Fassung vom 1. Juni 1909 § 101 N. 3 lit. c., wonach Handelssachen sind die den Landgerichten in erster Instanz zugewiesenen bürgerlichen Rechtsstreitigkeiten, in denen durch die Klage ein Anspruch aus den auf den Schutz der Muster und Modelle sich beziehenden Rechtsverhältnissen geltend gemacht wird, und GVG. § 135 N. 1 und EGVG. 8. In Bundesstaaten, in denen ein oberstes

Landgericht besteht, können die Musterschutzprozesse diesem nicht zugewiesen werden.

Für die Strafsachen, die wegen Nachbildung von Mustern und Modellen anhängig gemacht werden, regelt die Zuständigkeit GVG. § 73 N. 1 und § 27 N. 2. Überweisung an die Schöffengerichte ist wegen des Höchstbetrags der Geldstrafe unabhängig.

§ 16.

Das gegenwärtige Gesetz findet Anwendung auf alle Muster und Modelle inländischer Urheber, sofern die nach den Mustern und Modellen hergestellten Erzeugnisse im Inlande verfertigt sind, gleichviel ob dieselben im Inlande oder Auslande verbreitet werden.

Wenn ausländische Urheber im Gebiete des Deutschen Reiches ihre gewerbliche Niederlassung haben, so genießen sie für die im Inlande gefertigten Erzeugnisse den Schutz des gegenwärtigen Gesetzes.

Im übrigen richtet sich der Schutz der ausländischen Urheber nach den bestehenden Staatsverträgen.

. Der dem Reichstag vorgelegte Gesetzentwurf wollte die Frage über die internationale Anwendung des Geschmacksmusterrechts dem Gesetz vom 11. Juni 1870 entsprechend regeln. Danach sollten die Muster inländischer Urheber ein für allemal geschützt sein, die ausländischer dann, wenn sie in Deutschland ihre gewerbliche Niederlassung haben oder das Recht der ersten Vervielfältigung der Muster einem deutschen Gewerbetreibenden überlassen. Sowohl die Industriekreise wie die Reichstagskommission hatten hiergegen Bedenken. Man sagte, „der deutsche Urheber, der sein Talent ausländischen Fabrikanten zur Verfügung stelle, könne unmöglich mit seiner Eigenschaft als Deutscher auch die ausländischen Fabrikate decken und denselben ein Schutzrecht im deutschen Inland verleihen. Auf diesem

Gebiete müsse vielmehr als Grundsatz gelten, daß nur das deutsche Fabrikat geschützt sei, und der inländische Urheber, wenn er für den Aufschwung fremder Industrien arbeite, auf den Schutz seines Vaterlandes keinen Anspruch habe." Auch würden, wenn man den Ausländern den Schutz auch dann gebe, wenn sie das Recht der Vervielfältigung einem Deutschen übertrügen, Scheinverträge geschlossen und dadurch bewirkt, daß alle Ausländer in Deutschland geschützt seien. Man müsse weitergehenden Schutz der Ausländer besonderen Verträgen überlassen. (Osterrieth, Lehrbuch S. 248, sagt: Außer acht wurde der Nachteil für diejenigen deutschen Industrien gelassen, die auch im Ausland Fabriken besitzen.)

Danach findet das Gesetz Anwendung

1. auf alle Muster und Modelle inländischer Urheber, sofern die nach den Mustern und Modellen hergestellten Erzeugnisse im Inland verfertigt sind, gleichviel, ob sie im Inland oder Ausland verbreitet werden;
2. auf die im Inland gefertigten Erzeugnisse solcher ausländischer Urheber, die im Gebiet des Deutschen Reiches ihre gewerbliche Niederlassung haben. Eine Zweigniederlassung genügt. Vgl. RGZ. 41, 82. (A. M. Allfeld K. zu § 16.) Mit Recht weist aber Allfeld darauf hin, daß es unwesentlich ist, ob die Niederlassung im Handelsregister eingetragen ist. „Der Urheber muß gar nicht Kaufmann sein. Das gewerbliche Lokal kann eine einzelne Stube sein, in welcher z. B. ein Zeichner wohnt und auf Bestellung oder ohne solche Muster für gewerbliche Erzeugnisse entwirft." Auch ist gar nicht ausgesprochen, daß die im Inland gefertigten Erzeugnisse tatsächlich in der gewerblichen Niederlassung des Ausländers gefertigt sein müssen.

Was ein Inländer ist, ergibt das Staatsrecht. Voraussetzung ist Besitz der Reichsangehörigkeit oder der Angehörigkeit eines Einzelstaates. Ob der Urheber innerhalb des Deutschen Reiches wohnt, ist gleichgültig.

Auch über den Begriff Inland besagt das Staatsrecht das Nähere. Der Begriff deckt sich nicht unmittelbar mit dem Begriff: Gebiet des Deutschen Reichs. Zum Inland gehören das Gebiet des Deutschen Reiches, dazu die Küstengewässer, deutsche Kriegs- und Staatsschiffe, Handelsschiffe auf hoher See — nicht dagegen Konsulargerichtsbezirke.

Da der Schutz des Gesetzes gegen Nachbildung nach § 8 vom Tage der Anmeldung an läuft, so muß der Urheber die Inlandseigenschaft zur Zeit der Anmeldung besitzen. Ist das nicht der Fall, so ist die Anmeldung ohne Wirkung, das Muster ohne Schutz (natürlich vorausgesetzt, daß es sich nicht um einen Ausländer mit inländischer gewerblicher Niederlassung handelt, der im Inland Erzeugnisse anfertigen läßt). Die Anmeldung ist in jenem Falle von der Eintragungsbehörde zurückzuweisen.

Erlangt der Urheber erst später die Eigenschaft als Deutscher, so kann er die Anmeldung wiederholen, vorausgesetzt, daß nicht inzwischen nach dem Muster gefertigte Erzeugnisse verbreitet sind (§ 7).

Verliert der Urheber die deutsche Staatsangehörigkeit, so hört von diesem Zeitpunkt ab der Schutz des Musters auf. Die früher unrechtmäßig gefertigten Nachbildungen sind auch ferner verboten und es kann deswegen nach wie vor Bestrafung des Nachbildners gefordert werden. Auch kann sich der Deutsche, der die Eigenschaft des Deutschen verliert, das Recht am Muster und Modell wahren, wenn er im Inland eine gewerbliche Niederlassung gründet und nach dem Muster Erzeugnisse anfertigen läßt. Ebenso ist eine Wahrung des Rechts denkbar durch Übertragung des Rechts am Muster auf einen Deutschen oder einen in Deutschland niedergelassenen Ausländer.

Nur die Erzeugnisse müssen im Inland entstanden sein, nicht das Muster selbst. Der Sachse also, der in Bodenbach in Böhmen ein Muster entwirft, kann es jederzeit im Deutschen Reich anmelden, vorausgesetzt, daß in Böhmen oder einem anderen Auslandsstaat Erzeugnisse nach dem Muster noch nicht gefertigt sind.

Über die Beseitigung des Erfordernisses der Verfertigung im Inland für die Schweizer: RGZ. 41, 77.

Der inländische Urheber genießt von dem Tage ab, an dem er das Muster oder Modell eintragen läßt, den Gesetzesschutz. Nur müssen die nach dem Muster oder Modell gefertigten Erzeugnisse im Inland hergestellt sein. Ist auch nur ein einziges Stück im Ausland durch den Musterschutzberechtigten oder in dessen Auftrag gefertigt, so wird der Schutz vernichtet, da das im Ausland gefertigte Stück schutzlos ist und zur Herstellung von Nachbildungen benutzt werden kann. Ob der Nachbildner gerade das im Ausland gefertigte Stück als Vorbild bei der Nachbildung gewählt hat oder nicht, ist gleichgültig.

Unberechtigte Nachbildung im Ausland hebt natürlich den Musterschutz nicht auf.

Ob die Verbreitung des im Inland hergestellten Erzeugnisses dort oder im Ausland erfolgen soll, ist gleichgültig. Verbreitung im Ausland von im Inland hergestellten Erzeugnissen schadet an sich nichts.

Was die Staatsangehörigkeit eines Nachbildners anlangt, so kommen die allgemeinen Bestimmungen des Strafgesetzbuchs (§§ 3ff.) in Betracht. Danach sind Inländer wie Ausländer strafbar für Nachbildungen bzw. Verbreitungen innerhalb des Deutschen Reiches. Erfolgt beides außerhalb des Reiches, so ist der Ausländer straflos, der Inländer an sich nicht, wenn die Straftat auch durch das Auslandsgesetz mit Strafe bedroht ist. A. M., aber unrichtig bez. des Deutschen Dambach S. 80.

§ 17.

Das gegenwärtige Gesetz tritt mit dem 1. April 1876 in Kraft. Es findet Anwendung auf alle Muster und Modelle, welche nach dem Inkrafttreten desselben angefertigt worden sind.

Muster und Modelle, welche vor diesem Tage angefertigt worden sind, genießen den Schutz des Gesetzes nur dann, wenn das erste nach dem Muster rc. gefertigte Erzeugnis erst nach dem Inkrafttreten des Gesetzes verbreitet worden ist.

Muster und Modelle, welche schon bisher landesgesetzlich gegen Nachbildung geschützt waren, behalten diesen Schutz; jedoch kann derselbe nur für denjenigen räumlichen Umfang geltend gemacht werden, für welchen er durch die Landesgesetzgebung erteilt war.

Urkundlich unter Unserer Höchsteigenhändigen Unterschrift und beigedrucktem Kaiserlichen Insiegel.

Gegeben Berlin, den 11. Januar 1876.

(L. S.) Wilhelm.

Fürst v. Bismarck.

Maßgebend war also die Zeit der Anfertigung des Musters. War die Anfertigung vor dem 1. April 1876 erfolgt, so war der Schutz des Musters dann möglich, wenn die Verbreitung des ersten nach dem Muster gefertigten Erzeugnisses nach dem 1. April 1876 erfolgte.

Landesgesetzlicher Schutz bestand vor Inkrafttreten des Gesetzes in Elsaß-Lothringen und in der Rheinprovinz (auf Grund der französischen Gesetzgebung).

Bestimmungen über die Führung des Musterregisters.

§ 1.

Das Musterregister wird von den mit der Führung der Handelsregister beauftragten Gerichtsbehörden geführt (§ 9 des Ges. v. 11. Jan. 1876, betr. das Urheberrecht an Mustern oder Modellen — Reichs-Gesetzbl. S. 11). Soweit im nachstehenden nichts Abweichendes bestimmt ist, kommen die Vorschriften über die Führung des Handelsregisters auch bei dem Musterregister zur Anwendung.

§ 2.

Das Musterregister wird nach dem anliegenden Formular A eingerichtet. Zu demselben ist ein Verzeichnis anzulegen, welches die eingetragenen Namen beziehungsweise Firmen in alphabetischer Reihenfolge enthält.

§ 3.

Zu dem Musterregister werden Akten angelegt, in welche, nach der Zeitfolge, alle dasselbe betreffenden Eingaben, Verhandlungen, Urkunden usw. gebracht werden.

Eingaben und Verhandlungen, in welchen ein Antrag auf Eintragung in das Musterregister enthalten ist, müssen mit dem Vermerke versehen werden, an welchem Tage und zu welcher Stunde sie bei dem Gerichte eingegangen sind.

§ 4.

Die Exemplare und Abbildungen der Muster usw., welche in Gemäßheit des § 7 des Gesetzes beim Gerichte niedergelegt werden, sind in einem besonderen, leicht zugänglichen Behältnisse sicher aufzubewahren und mit einem Papierstreifen zu versehen, auf welchem das betreffende Blatt des Musterregisters und der Akten anzugeben ist.

§ 5.

Die Anträge auf Eintragung in das Musterregister können schriftlich oder mündlich zu Protokoll gestellt werden. Im ersteren Falle muß die Echtheit der Unterschrift des Antragstellers von einer zur Führung eines öffentlichen Siegels berechtigten Person, unter Beidrückung dieses Siegels, amtlich beglaubigt sein; im letzeren Falle muß die Identität der Person des Antragstellers, sofern derselbe dem Gericht nicht bekannt ist, durch einen bekannten und glaubhaften Zeugen erwiesen werden.

§ 6.

Bei der Anmeldung muß bestimmt angegeben werden, ob das Muster usw., dessen Eintragung verlangt wird, für Flächenerzeugnisse oder für plastische Erzeugnisse bestimmt ist (§ 6 Nr. 2 des Gesetzes). Wenn der Anmeldende eine solche Angabe unterlassen hat, so ist er zur nachträglichen Beibringung derselben mit dem Bemerken aufzufordern, daß die Eintragung des Musters usw. vor Abgabe dieser Erklärung nicht erfolgen könne. Die Anmeldung eines und desselben Musters usw. für Flächenerzeugnisse und für plastische Erzeugnisse ist unzulässig.

Die irrtümliche Angabe macht nicht wirkungslos. Hat jemand ein Muster der Fläche angemeldet mit der Angabe, es sei für plastische Erzeugnisse bestimmt, so genießt er Schutz für die plastische Darstellungsform.

Ebenso genießt Schutz, wer ein „Muster für Flächenerzeugnisse, nämlich Spiegelrahmen anmeldet", weil er meint, ein nur wenig körperliches Muster falle noch ins Gebiet der Flächenmuster. (Vgl. Allfeld A. zu § 6.) Ebenda vgl. über den Schlußsatz.

§ 7.

Die Muster können offen oder versiegelt, einzeln oder in Paketen niedergelegt werden. Die Pakete dürfen aber nicht mehr als 50 Muster usw. enthalten und nicht mehr als 10 Kilogramm wiegen. (§ 9 Abs. 4 des Gesetzes.) Wenn bei der Gerichtsbehörde ein Paket eingeht, welches mehr als 10 Kilogramm wiegt, oder welches — nach der Aufschrift bzw. nach dem Anschreiben — mehr als 50 Muster enthält, so ist dasselbe zurückzusenden und die Eintragung in das Musterregister zu verweigern. Auf den Paketen muß äußerlich angegeben sein, wieviel Muster usw. in denselben enthalten sind.

Außerdem müssen an jedem Muster bzw. an jedem Pakete mit Mustern die Fabriknummern oder die Geschäftsnummern, unter welchen die Muster in den Geschäftsbüchern des Urhebers oder seines Rechtsnachfolgers eingetragen sind, angegeben sein.

Für Urheber die keine Geschäftsbücher führen, gilt natürlich die letztere Bestimmung nicht.

§ 8.

Alle Eingaben, Verhandlungen, Atteste, Beglaubigungen, Zeugnisse, Auszüge usw., welche die Eintragung in das Musterregister betreffen, sind stempelfrei.

Die Gebühren, welche für die Eintragung und Niederlegung der Muster usw. entrichtet werden müssen, sind im § 12 des Gesetzes angegeben.

Außerdem hat der Anmeldende nach § 9 des Gesetzes die Kosten der Bekanntmachung im Deutschen Reichs-Anzeiger zu tragen. Die Kosten betragen für die Bekanntmachung jeder einzelnen Eintragung 1 Mark 50 Pfg. Eintragsscheine werden nur auf ausdrückliches Verlangen des Anmeldenden erteilt. Für jeden solchen Schein, sowie für jeden sonstigen Auszug aus dem Musterregister wird eine Gebühr von 1 Mark erhoben. (§ 12 des Gesetzes.)

Die Gebühren sind entweder bar an das Gericht einzusenden oder, auf Verlangen des Anmeldenden, durch Postvorschuß von demselben einzuziehen.

§ 9.

Wenn in Gemäßheit des § 8 des Gesetzes eine Verlängerung der Schutzfrist beantragt wird, so ist diese Verlängerung im Musterregister in der Spalte 7 einzutragen.

Die Verlängerung der Schutzfrist wird ebenfalls im Deutschen Reichs-Anzeiger bekanntgemacht, und es hat daher derjenige, welcher die Verlängerung nachsucht, außer den im § 12 des Gesetzes bestimmten Gebühren die Kosten der Bekanntmachung mit 1 Mark 50 Pfg. zu tragen.

§ 10.

Die Eintragung und die Verlängerung der Schutzfrist wird monatlich im Deutschen Reichs-Anzeiger bekanntgemacht. (§ 9 des Gesetzes.) Die mit der Führung des Musterregisters betraute Behörde hat am Schlusse jeden Monats ein Verzeichnis der von ihr im Laufe des verflossenen Monats bewirkten Eintragungen an die „Expedition des Deutschen Reichs- und Preußischen Staats-Anzeigers in Berlin" portofrei einzusenden und zugleich den Kostenbetrag für die Bekanntmachung (s. §§ 8, 9) beizufügen.

Die Expedition des Deutschen Reichs-Anzeigers usw. übersendet dem Gerichte über die erfolgte Bekanntmachung kostenfrei ein Belagsblatt, welches zu den Akten zu bringen ist.

Die Bekanntmachung ist nach folgendem Muster abzufassen:

A. In das Musterregister ist eingetragen:

Nr. 1. Firma Schmidt & Co. in Leipzig: 1 Muster für Teppiche; offen; Flächenmuster; Fabriknummer 100; Schutzfrist 1 Jahr; angemeldet am 1. April 1876, vormittags 9 Uhr.

Nr. 2. Fabrikant Schulz in Leipzig: 1 Paket mit 20 Mustern für Tapeten; Flächenmuster; Fabriknummer 10—29; Schutzfrist 3 Jahre; angemeldet am 2. April 1876, vormittags 10 Uhr.

Nr. 3. Glasfabrik von Müller in Leipzig: 1 Glaskrone; versiegelt; Muster für plastische Erzeugnisse; Fabriknummer 20; Schutzfrist 10 Jahre; angemeldet am 3. April 1876, vormittags 11 Uhr.

Leipzig, den 30. April 1876.

Königliches Handelsgericht.

B. In das Musterregister ist eingetragen:

bei Nr. 1. Firma Schmidt & Co. in Leipzig hat für das unter Nr. 1 eingetragene Teppichmuster die Verlängerung der Schutzfrist bis auf 3 Jahre angemeldet.

Leipzig, den 31. Dezember 1876.

Königliches Handelsgericht.

§ 11.

Die versiegelt niedergelegten Muster usw. werden nach Ablauf der Schutzfrist, oder, falls die Schutzfrist drei Jahre übersteigt, nach Ablauf von drei Jahren, von der Anmeldung ab gerechnet, von Amtswegen eröffnet und können alsdann von jedermann eingesehen werden.

Damit die Eröffnung rechtzeitig erfolge, ist über die versiegelt niedergelegten Muster ein besonderes Verzeichnis zu führen, in welchem der Tag vermerkt wird, an welchem die amtliche Eröffnung vorzunehmen ist. Über die erfolgte Öffnung ist eine kurze Verhandlung aufzunehmen, welche bei den Akten verbleibt.

§ 12.

(Die Fassung dieses Paragraphen beruht auf der Bekanntmachung vom 12. November 1883.)

Die niedergelegten Muster usw., sowie deren Abbildungen werden vier Jahre nach Ablauf der Schutzfrist aufbewahrt. Demnächst ist an den Urheber bzw. seine Rechtsnachfolger die Aufforderung zu richten, die Muster usw. binnen vier Wochen in Empfang zu nehmen, widrigenfalls über dieselben anderweitig verfügt werden würde. Die Aufforderung gilt mit der Aufgabe per Post, selbst

Musterregister.

A.

Fortl. Nr.	Name bzw. Firma des Anmeldenden	Tag und Stunde der Anmeldung	Bezeichnung des angemeldeten Musters oder Modells	Angabe: ob das Muster für Flächenerzeugnisse oder für plastische Erzeugnisse bestimmt ist	Schutzfrist	Verlängerung der Schutzfrist	Akten über das Musterregister	Bemerkungen
1.	2.	3.	4.	5.	6.	7.	8.	9.
1.	Firma Schmidt & Co. in Leipzig.	1. April 1876, vormittags 9 Uhr.	1 Muster für Teppiche, offen, Fabriknummer 100.	Flächenerzeugnisse.	1 Jahr.		Bd. 1 S. 1.	
2.	Fabrikant Schulz in Leipzig.	2. April 1876, vormittags 10 Uhr.	1 versiegeltes Paket mit 20 Mustern für Tapeten, Fabriknummer 10—29.	Flächenerzeugnisse.	3 Jahre.			

wenn sie als unbestellbar zurückkommt, als bewirkt. Wird ihr nicht widersprochen, so sind die Muster usw., sofern sie einen Wert nicht besitzen, zu vernichten, im übrigen aber einer öffentlichen Sammlung zu überweisen oder auf geeignetem Wege zu veräußern. Die Landesregierungen bezeichnen die Kasse, welcher der Erlös aus der Veräußerung zuzuführen ist.

Wenn der Urheber bzw. sein Rechtsnachfolger die Muster usw. nicht in Empfang nimmt, so ist wegen deren weiterer Verwendung die Bestimmung des Reichskanzleramts im geordneten Geschäftswege einzuholen.

Berlin, den 29. Februar 1876.

Das Reichskanzleramt.
Delbrück.

Weitere Bestimmungen.

In Ergänzung der Bekanntmachung vom 29. Februar 1876 sowie unter Aufhebung der Bekanntmachung vom 23. Juli 1876 wird folgendes bestimmt:

§ 1.

Im Musterregister erhält jedes Muster oder Modell, welches einzeln niedergelegt wird, oder jedes niedergelegte Paket mit Muster usw. bei Eintragung der Schutzfrist eine besondere Nummer.

§ 2.

Die Kosten für die Bekanntmachung der Eintragung einer Schutzfrist oder ihrer Verlängerung im „Deutschen

Reichsanzeiger" werden vom 1. Januar an nach dem Raum, die Zeile zu 30 Pfennig, berechnet. Für jedes Belegsblatt sind 10 Pfennig zu entrichten; außerdem sind der Verwaltung des Reichsanzeigers die Kosten für Porto zu erstatten.

§ 8.

Der Kostenbetrag ist erst nach Zustellung der Kostenrechnung der Expedition des „Deutschen Reichsanzeigers" einzusenden.

Berlin, den 23. Dezember 1886.

Der Reichskanzler.

II.

Gesetz, betreffend

den Schutz von Gebrauchsmustern.

Vom 1. Juni 1891 (RGBl. S. 290 ff.).

Wir Wilhelm, von Gottes Gnaden Deutscher Kaiser, König von Preußen rc. verordnen im Namen des Reichs, nach erfolgter Zustimmung des Bundesrats und des Reichstags, was folgt:

§ 1.

Modelle von Arbeitsgerätschaften oder Gebrauchsgegenständen oder von Teilen derselben werden, insoweit sie dem Arbeits- oder Gebrauchszweck durch eine neue Gestaltung, Anordnung oder Vorrichtung dienen sollen, als Gebrauchsmuster nach Maßgabe dieses Gesetzes geschützt.

Modelle gelten insoweit nicht als neu, als sie zur Zeit der auf Grund dieses Gesetzes erfolgten Anmeldung bereits in öffentlichen Druckschriften beschrieben oder im Inlande offenkundig benutzt sind.

Für die Zuständigkeit des Reichs zur Gesetzgebung über das Gebrauchsmusterwesen gilt das zum Geschmacksmuster Gesagte.

Das Recht am Gebrauchsmuster entsteht durch Herstellung des Werks (man denke an die Übertragung schon vor der Eintragung), erlangt aber volle Wirkung erst durch die Anmeldung und Eintragung.

Wenn von mehreren, die unabhängig voneinander ein Gebrauchsmuster geschaffen haben, der eine es offenkundig benutzt, ohne es anzumelden, kann es der andere nicht mehr anmelden (Mangel der Neuheit). Ist keine solche offenkundige Benutzung erfolgt, so kann der Miterfinder alle dem Anmelder nicht widerstreitenden Rechte geltend machen.

Vom Geschmacksmuster unterscheidet sich das Gebrauchsmuster dadurch, daß jenes den Formensinn ästhetisch befriedigen soll, während dieses den Gebrauchszweck durch eine neue Gestaltung fördern soll. Ein Muster kann natürlich mehreren Zwecken dienen, also Geschmacksmuster und Gebrauchsmuster sein. Beide Gebiete gehen vielfach ineinander über. RGS. Bl. XII, 283. In solchen Fällen empfiehlt sich beiderseitige Anmeldung. Eine Übertragung eines Geschmacksmusters (RGS. 38, 393) in die Gebrauchsmusterrolle ist ohne besondere Anmeldung nicht denkbar.

Was das Verhältnis zum Patent anlangt, so ist zunächst zu bemerken, daß auch ein Gebrauchsmuster nicht denkbar ist an Gegenständen, für die nach dem Patentgesetz ein Ausschließungsrecht nicht begründet werden soll (Nahrungs- oder Genußmittel). RGZ. 46, 1. Vom Patent unterscheidet sich das Gebrauchsmuster dadurch, daß es sich bei jenem nicht regelmäßig um eine Form der Darstellung im Raum zu handeln braucht, letzteres aber beim Gebrauchsmuster nötig ist, wo nicht der Erfindergedanke, sondern dessen konkrete, im Muster ausgeführte Gestaltung geschützt ist (Bl. IV, 257), während andererseits alles, was den Gebrauchszweck nur durch Formgestaltung im Raum fördert, ohne daß zugleich durch die Anwendung von Naturkräften ein besonderer technischer Effekt erzielt wird, alles, was insbesondere lediglich bekannte Gegenstände durch Verbesserung ihrer Raumform zum Gebrauche tauglicher macht, vom Patentschutz ausgeschlossen ist (Allfeld, Komm. zu § 1). So auch Seligsohn S. 413.

Wenn nun auch an die Bedeutung des Erfindergedankens auf dem Gebiet des Modellschutzes geringere Ansprüche gestellt werden als auf dem des Patentschutzes, so darf das doch nicht dahin führen, von der Erfindung oder Gedankenarbeit (RG. Bl. I, 191, RGZ. Bl. XIV, 262), ganz abzusehen.

Durch bloße Zusammenstellung bekannter Teile ohne jeden besonderen (eigenartigen) Erfolg für die Förderung des Arbeits- oder Gebrauchszwecks entsteht niemals ein neues Modell. RGZ. Bl. XIV, 262. (Besonderer Erfolg: die Billigkeit des hergestellten Gegenstandes, RGZ. Bl. IV, 234.)

Anderseits braucht die geistige Tätigkeit bei Schaffung eines Gebrauchsmusters nicht groß zu sein. In der bloßen, nicht als mechanische Tätigkeit anzusehenden Übertragung von für große Verhältnisse berechneten Vorrichtungen auf Miniaturapparate ist ein technischer Fortschritt zu sehen. OLG. Braunschweig Bl. V, 306.

Ein Gegenstand kann dem Patentschutz wie dem Gebrauchsmusterschutz unterfallen. RGZ. 44, 74. Es ist doppelseitige Anmeldung möglich. Dabei ist zu beachten, daß das Gebrauchsmuster billiger, aber kürzer, auch ohne Prüfung erteilt ist. Nur kann das Patentamt nicht von sich aus, wenn es das Patent versagt oder für nichtig erklärt, den Gegenstand in die Gebrauchsmusterrolle eintragen (Rhenius in Glas. Annalen Bd. 28).

Voraussetzungen des Gebrauchsmusters sind Modell oder Gebrauchsgegenstand bzw. Arbeitsgerätschaft. Eine lediglich die Stellung einer technischen Aufgabe enthaltende Anmeldung ist des Gebrauchsmusterschutzes nicht fähig. RGZ. Bl. VI, 239.

1. Ein Modell: Etwas im Raum Darstellbares. „Was einer Darstellung im Raum nicht fähig ist oder nicht gerade durch seine Raumform einer neuen Idee entspricht, ist kein nach Maßgabe dieses Gesetzes schutzfähiges Modell.“ Allfeld, Kommentar zu § 1.

Zum Modell gehört also eine bestimmte Gestaltung. So ist eine mehlartige Masse kein Modell. RGZ. Bl. VI, 313. Ebenso Backmehl LG. Berlin Bl. IV, 26. Beweglichkeit ist Voraussetzung. Unbewegliche Gegenstände und deren integrierende Bestandteile sind nicht schutzfähig. RGZ. Bl. IV, 153. Zu den unbeweglichen Sachen sind aber nicht zu rechnen erst einzubauende Schienen, die erst infolge ihrer Einbauung ihre Selbständigkeit als bewegliche Gegenstände verlieren. RGZ. 66, 125. Weichenzungenstücke bei Straßenbahnanlagen. RGZ. Bl. V, 214. Wölbesteine RGZ. 44, 74.

Nicht darstellbar im Raum ist ein Verfahren. RGZ. 40, 143. LG. Berlin (Färbung photogr. Trockenplatten) Bl. I, 257. LG. Breslau (Herstellung von Gußwänden) Bl. III, 160. OLG. Karlsruhe (glasurartige Umhüllung von Körnerfrüchten) Bl. VI, 181.

Ob es sich um ein Halb- oder Fertigfabrikat handelt, ist gleichgültig. RGZ. 39, 6.

Obwohl der Ausdruck „Modell" auf plastische Gegenstände hinweist, Modell also an sich nicht dasselbe bedeutet wie Muster, Vorbild (so Robolski S. 15), vgl. KG. Bl. VI, 316, so wird man doch bloßen Flächenmustern den Gebrauchsmusterschutz zubilligen müssen, wenn sich der Erfindungsgedanke in einer äußeren Gestaltung usw. verkörpert, nicht also dann, wenn die Darstellung lediglich durch Schriftzeichen in ihrer sprachlichen Bedeutung erfolgt, bei denen somit die äußere Anordnung als solche belanglos ist. RGZ. 48, 73. Arbeiterkarten für Kontrolluhren. LG. Berlin Bl. X, 302. Bilderalbum mit Schminkanweisungen. A. M. KG. Bl. VI, 316.

2. Arbeitsgerätschaften oder Gebrauchsgegenstände: Unter ersteren versteht man leblose Gegenstände, die bei Herstellung einer Arbeit verwendet werden. Sie unterfallen an sich den Gebrauchsgegenständen, worunter man alle leblosen Gegenstände zu verstehen hat, die man gebraucht.

Voraussetzung beim Gebrauchsgegenstand ist die Möglichkeit dauernder Verwendung. Ob dabei der Gegenstand aufhört, selbständig zu sein, ist, wie schon aus Obengesagtem erhellt, gleichgültig. Dauernde Verwendung ist nicht zu verstehen als ununterbrochene Verwendung. Dauer ist nicht im

Sinne von „Dauer im Gebrauch“, sondern Dauer in der gewerblichen Verwertbarkeit zu verstehen. RGZ. 39, 6 (Briefumschläge). Wird mit der Verwendung die Existenz ganz verloren (so bei Backmehl, LG. Berlin Bl. IV, 26), so liegt ein Gebrauchsgegenstand nicht vor. Ein Schmuckgegenstand ist nicht Gebrauchsgegenstand (RGZ. 36, 57), wohl aber kann letzterer zur Herstellung jener dienen. RGZ. 39, 131.

Niemals ist eine bloße Gebrauchsanweisung ein Gebrauchsgegenstand oder Teil eines solchen. RGZ. 51, 142.

Unter Arbeitsgerätschaften und Gebrauchsgegenständen sind, wie das Reichsgericht sagt, zu verstehen „relativ einfache Werkzeuge und Vorrichtungen, nicht aber künstliche, aus vielen ineinandergreifenden Arbeitsmitteln zusammengesetzte, zur Bewegung durch Naturkräfte bestimmte Maschinen oder die Gesamtheit einer Reihe selbständiger, zum Zwecke eines auf einer Mehrheit von Arbeitsvorgängen aufgebauten Betriebes zusammengefügter Vorrichtungen.“ RGZ. 36, 18 (Pasteurisierapparat); RGZ. Bl. VI, 230 (Tafelschere); RGZ. 41, 74 (Schützenschlagvorrichtung bei mechanischen Webstühlen). OLG. Hamm Bl. V, 208 (Kettengliedervorliegmaschinen). Vgl. auch Bl. III, 120 f. Für musterschutzfähig sind dagegen angesehen worden ein Webstuhl zur Anfertigung von Rohrdecken für Gärtnereien (RGS. 28, 158) und eine Filterpresse (RGZ. 39, 115). Ein eine Maschine behandelndes Gebrauchsmuster kann nicht dadurch zum Teil aufrechterhalten werden, daß der Schutz auf einzelne Teile der Maschine beschränkt wird (RGZ. Bl. VIII, 132), wenn auch an sich wesentliche Teile einer komplizierten Gesamtkombination als solche schutzfähig sein können. RGZ. Bl. XIV, 31.

Dabei ist aber zu merken, daß das Wort „Maschine“ es nicht tut. Man versteht darunter unter Umständen auch einfache Geräte, mit deren Hilfe eine gewisse Arbeit durch menschliche Tätigkeit leichter ausgeführt werden kann. Letztere sind nur Arbeitsgeräte wie die vielfachen, im gewöhnlichen Haushalt gebrauchten, auch Maschinen genannten Gegenstände.

Nur die neue Gestaltung usw. begründet den Gebrauchsmusterschutz, die dem Arbeitszweck dienen soll. Daß dieser Zweck erreicht wird, ist nicht nötig. RGS. Bl. IV, 125. Die mechanische Übertragung einer bekannten Gestaltung auf einen anderen Gebrauchsgegenstand begründet keinen Schutz. LG. Nürnberg Bl. III, 29 (Übertragung der dreieckigen Gestalt der Bleistifte auf die Kopierstifte).

Das Gesetz kann nicht verlangen, daß die neue Gestaltung, Anordnung oder Einrichtung des konkreten, den gesetzlichen Schutz beanspruchenden Modells aus einer ganz originellen, noch nie zur praktischen Verwendung gekommenen Idee hervorgegangen sei. Für neu muß vielmehr die Konstruktion eines Modells schon dann angesehen werden, wenn sie eine Arbeitsgerätschaft oder einen Gebrauchsgegenstand zur Erscheinung brachte, wie sie in dieser Art und Weise der Herstellung noch nicht bestanden, dafern der Arbeitszweck durch die neue Konstruktion besser gefördert wird. Dabei können bereits vorhandene Ideen benutzt und fortgebildet sein. RGS. 32, 375.

Eine neue Gestaltung ist u. a. vorhanden bei Fortlassung einzelner Bestandteile eines bekannten Gebrauchsmusters (OLG. Cassel, Bl. IV, 107), oder wenn ein Gebrauchsgegenstand geschaffen wird, der früher als solcher nicht käuflich war, sondern erst jeweils durch Handarbeit hergestellt werden mußte (RGS. 32, 4).

Dagegen fehlt jene, wenn nichts getan, als daß die bekannten physikalischen Eigenschaften eines bekannten Stoffes zu einem bekannten Zweck in bekannter Form verwandt werden (RGZ. 35, 90): Verwendung von Zelluloid als Kunstfischleim), oder daß eine bekannte Anordnung zwar zu einem neuen Zweck, aber ohne neue Formgebung oder ohne neuen, wenn auch unbedeutenden technischen Fortschritt erfolgt (KG. Bl. XIV, 18: Übertragung der bekannten Bolzensicherung auf Eisenbahnstellvorrichtungen).

Anders liegt der Fall bei Überwindung technischer Schwierigkeiten (OLG. Dresden Bl. X, 345: Silikatfarbenanstrich für Eisschränke), auch ist auf den Gegenstand als solchen Wert zu legen. So wird man bei Gegenständen der Feinmechanik geringfügige Abweichungen für ausreichend ansehen müssen. RGZ. 40, 144.

Da beim Gebrauchsmuster die Formgebung, die Konstruktion das Wesentliche, so ist die bloße Änderung des Stoffes nicht schutzfähig. Vgl. z. B. RGZ. 35, 90: Kunstfischleim aus Zelluloid. RGZ. 48, 21: Schuhleisten aus Aluminium. Dies auch, wenn die Herstellung von einer besonderen, bisher noch nicht benutzten Bearbeitungsform des Stoffes ausgeht (Patronenhülse aus Messing, die schon zur Kartuschhülse verarbeitet war) RGZ. 70, 162. Anders, wenn der gewerbliche Vorteil, den das Modell bietet, gerade in der Verwendung des gewählten Stoffes begründet ist. RGZ. 41, 37 (Zelluloidumhüllung für medizinische Geräte). Auch hier ist natürlich zu beachten, daß nicht der Stoff als solcher, sondern erst dessen Verwendung für ein bestimmtes Modell die Eintragbarkeit des Musters begründet, in dem gewählten Stoff in diesem Fall das raumausfüllende gestaltende Element zu erkennen ist. RGZ. 70, 162.

Die Färbung ist ein Verfahren, also nicht schutzfähig. KG. Berlin Bl. I, 257. Vgl. aber OLG. Jena Bl. IX, 234, wo gesagt ist, daß die Farbe als solche schutzfähig ist, wenn durch sie der Gebrauchszweck des Gegenstands gefördert wird. (Durchsichtige Hornknöpfe zur Erzielung eines Farbeneffekts mit dem Kleiderstoff.)

Der Gebrauchszweck umfaßt den Arbeitszweck. Der Gebrauchszweck aber ist der Gegensatz zum Schönheitszweck. Beim Gebrauchs- wie Arbeitszweck handelt es sich um einen wirtschaftlichen oder technischen Nutzzweck, der die Gebrauchsfähigkeit der Sache zu steigern bestimmt ist. RGZ. Bl. VII, 43. (Ansichtspostkarten ohne solchen.) Ebenso fehlt solcher Gratulationskarten. KG. Bl. XII, 141. Gebrauchszweck ist nicht der Reklamezweck. KG. Berlin Bl. VI, 270. RGZ. Bl. XV, 16. Gebrauchszweck und Schönheitszweck können sich natürlich verbinden, ohne daß es am Gebrauchsmuster deshalb fehlt; der Gebrauchszweck ist hierbei mittelbarer Zweck. RGZ. Bl. XII, 283.

Über den Mangel des Gebrauchszwecks bei einem sogenannten Gigerlbleistift vgl. LG. Nürnberg Bl. III, 30. Bemerkt sei noch, daß sich der einem eingetragenen Gebrauchsmuster gewährte Schutz nicht auf den bei der Eintragung gerade angegebenen Gebrauchszweck des geschützten Gegenstands beschränkt. RGZ. Bl. IX, 43.

Absatz 2 will den Begriff der Neuheit im Sinne des Gebrauchsmusterschutzgesetzes nicht bestimmen (so Osterrieth, Lehrbuch; Robolski S. 19), denn zum Nichtbeschrieben- und Nichtbenutztsein gehört noch das Erfordernis einer Originalität, wie schon aus dem zu Abs. 1 Gesagten erhellt.

Maßgeblich für die Prüfung der Neuheit ist, abgesehen von den Ausnahmefällen der Anmeldung auf Grund internationaler Verträge, der Zeitpunkt der Anmeldung beim Patentamt. (Über die Datierung der Geschäftssachen vgl. § 27 der VO. vom 11. Juli 1891.) Vgl. auch Gesetz vom 18. März 1904.

Es braucht sich hier nicht wie im Patentrecht um eine Druckschrift aus den letzten hundert Jahren zu handeln, es ist auch nicht nötig, daß die Benutzung nur durch Sachverständige möglich erscheint.

Unter Druckschriften sind „alle Erzeugnisse der Buchdruckerpresse sowie alle sonstigen, durch mechanische oder chemische Mittel bewirkten Vervielfältigungen zu verstehen" (Robolski S. 19). „Hervorzuheben ist bezüglich der Druckschriften, daß nicht die Beschreibung des der Gestaltung des Gebrauchsmusters zugrunde liegenden Gedankens die Neuheit ausschließt, sondern nur die Beschreibung der Gestaltung selbst. Dies ist namentlich dann wichtig, wenn der Neuheit des Gebrauchsmusters ältere Patentschriften entgegengehalten werden" (Osterrieth, Lehrbuch S. 179).

Öffentlich ist eine Druckschrift dann, wenn sie, sei es durch den Buchhandel, sei es sonstwie, dem Publikum zur Verfügung steht.

In welcher Sprache die Druckschrift abgefaßt ist, ist gleichgültig.

Ob eine offenkundige Benutzung vorliegt, hängt davon ab, ob das Gebrauchsmuster durch die Benutzung der Allgemeinheit (wenn auch auf anderem Gebrauchsgebiet, Bl. V, 177), zugänglich gemacht ist, ob dem Publikum (nicht nötig, größere Anzahl, RGS. 28, 160), von dem Muster eine solche Kunde gegeben worden, von der Kenntnis zu nehmen jedermann offenstand (RGS. Bl. III, 54), oder aber ob eine geheime Benutzung stattgefunden, die nur für einzelne Personen mit der ausdrücklich oder stillschweigend vorausgesetzten (so in einer Gefangenanstalt, RGS. 28, 185; nur vor Gehilfen, RGS. Bl. III, 258) Geheimhaltung bestimmt war. Der ersteren Alternative wird in der Regel entsprochen, wenn die Ware in den freien Verkehr gebracht, also auch wenn sie vorbehaltlos (RGS. Bl. V, 113) verkauft wird — ohne Einschränkung der Geheimhaltung. RGS. 25, 61. Offenkundige Benutzung bei käuflicher Überlassung eines bereits zur Probe beim Käufer befindlichen Gegenstandes. RGZ. Bl. IV, 153.

Offenkundige Benutzung eines Modells liegt insbesondere auch dann vor, wenn es einer einzigen sachkundigen Person vorgezeigt und erläutert wird, sofern dies in der Absicht und in der durch die Stellung dieser Person begründeten Erwartung geschieht, die neue Einrichtung bekanntzumachen. RGZ. Bl. XII, 262.

Das Feilbieten steht der offenkundigen Vorbenutzung gleich, wenn es nach der Natur des feilgebotenen Gegenstands das allgemeine Bekanntwerden des Neuen ermöglicht. RGZ. 33, 163. Bloßes Probieren dagegen ist im Zweifelsfall kein Benutzen. RGS. 30, 240. Offenkundige Benutzung im Ausland ist nicht neuheitsschädlich; ebenso Benutzung unvollkommener Erzeugnisse. RGZ. 40, 145.

Fehlt es auch im Gesetz an einer Bestimmung wie § 1 des Patentgesetzes, wo Erfindungen, deren Verwertung den Gesetzen oder guten Sitten zuwiderlaufen würde, ausgeschlossen sind, so kann doch der Staat für Verwertung eines unsittlichen Zwecken dienenden Gebrauchsmusters nicht die Hand bieten. LG. Leipzig Bl. III, 159.

§ 2.

Modelle, für welche der Schutz als Gebrauchsmuster verlangt wird, sind bei dem Patentamt schriftlich anzumelden.

Die Anmeldung muß angeben, unter welcher Bezeichnung das Modell eingetragen werden und welche neue Gestaltung oder Vorrichtung dem Arbeits- oder Gebrauchszweck dienen soll.

Jeder Anmeldung ist eine Nach- oder Abbildung des Modells beizufügen. Über die sonstigen Erfordernisse der Anmeldung trifft das Patentamt Bestimmung.

Gleichzeitig mit der Anmeldung ist für jedes angemeldete Modell eine Gebühr von fünfzehn Mark einzuzahlen.

Ähnlich wie im Patentrecht steht der Anspruch auf Schutz dem ersten Anmelder zu. Die Anmeldung erfolgt beim Patentamt. Sie ist, ihre formelle Richtigkeit angenommen, Voraussetzung der Eintragung, diese wiederum des Schutzes.

„Ein gesetzlicher Schutz besteht vor der Anmeldung nicht. Indessen ist nach Analogie des Erfindungsbesitzes auch für den Besitz eines nicht eingetragenen Gebrauchsmusters die Möglichkeit eines Rechtsschutzes gegeben. Das Gebrauchsmuster stellt als gewerblich verwertbares und mit einer Anwartschaft auf den vollen gesetzlichen Schutz ausgestattetes immaterielles Gut ein Vermögensobjekt dar, dessen Entziehung als gegen die guten Sitten verstoßend nach allgemeinem Recht (§ 826 BGB.) verfolgt werden kann“ (Osterrieth, Lehrbuch S. 181).

Zur Anmeldung vgl. überdies die Bestimmungen und die Bekanntmachung vom 22. November 1898. Dabei ist die Bekanntmachung nur als weiterer Anhalt für die Anmelder gedacht, deren Einhaltung nicht erzwungen werden kann.

Bezeichnung des Modells: Diese wird nach § 3 des Gesetzes bekanntgemacht. Vgl. auch § 2b der Bestimmungen und Nr. 3 der Bekanntmachung.

Unsittliche oder außer Bezug zum Anmeldungsgegenstand stehende oder nur der Reklame dienende Bezeichnungen werden nicht angenommen.

Angabe, welche neue Gestaltung oder Vorrichtung dem Arbeits- oder Gebrauchszweck dienen soll. Vgl. § 2b der Bestimmungen und Nr. 3 der Bekanntmachung. Sie muß bei der Anmeldung zum Ausdruck gebracht sein.

Die Angabe ist integrierender Bestandteil der Anmeldung, nicht nur Beschreibung des angemeldeten Modells. RGZ. 33, 101. RGZ. 39, 115. RGZ. Bl. V, 115. RGZ. Bl. XV, 288.

Handelt es sich um einen formulierten Schutzanspruch, so ist davon auszugehen, daß auch der formulierte Schutzanspruch der Auslegung zugänglich ist und daß zur Beurteilung der Frage, inwieweit eine über den Wortlaut hinausgehende Auslegung nötig ist, der übrige Inhalt der Anmeldung anzuziehen ist. RGZ. Bl. X, 16. RGZ. Bl. XV, 141.

Fehlt es an der Angabe des Neuen in der Gestaltung, so ist die Löschung angängig, selbst wenn die Gestaltung tatsächlich neu. RGZ. Bl. V, 112. Daß das Neue aus der Bezeichnung hervorgeht, ist nicht nötig, doch ist möglich, daß es nur in der Bezeichnung hervorgehoben wird.

Unzulässig ist, daß der Berechtigte im Streitfall an die Stelle dessen, was seine Anmeldung als neu angibt, etwas anderes setzt.

Auch die Nach- oder Abbildung kann — aber nur zur Feststellung des vom Anmelder beanspruchten Neuen, nicht zur Ausdehnung des Schutzes — herangezogen werden (RGZ. 40, 140).

Daß der angegebene Gebrauchszweck nicht beschränkend auszulegen ist, ist schon zu § 1 gesagt. Anders, wenn der Anmelder das Vorliegen eines Gebrauchszwecks gar nicht erkannt hat.

Die Angabe eines besonderen Schutzanspruchs ist nicht nötig, aber empfehlenswert. Auch eine über die Angabe des Neuen hinausgehende Beschreibung ist nicht nötig, doch empfehlenswert. Vgl. § 3 der Bestimmungen.

Nach- oder Abbildung soll den Gegensatz von plastischen und Flächenmustern zum Ausdruck bringen. Vgl. § 4 der Bestimmungen und Nr. 5 der Bekanntmachung. Wird die Beglaubigung der Unterlagen einer Gebrauchsmusteranmeldung verlangt, so zwecks Anmeldung im Ausland, so ist mit dem Beglaubigungsantrag ein Modell vorzulegen. Die Übereinstimmung einer Zeichnung mit dem der Eintragung zugrunde liegenden Modell kann nicht bescheinigt werden. Bl. I, 155.

Gebühr: Vgl. § 2e der Bestimmungen und Nr. 1 der Bekanntmachung. Eine Stundung oder ein Erlaß der Anmeldegebühr ist gesetzlich unzulässig, dasselbe gilt von der Verlängerungsgebühr.

Mit der ersten Gebühr kann zugleich die zweite gezahlt werden. Wird vor Ablauf der dreijährigen Frist auf das Gebrauchsmuster verzichtet oder wird es gelöscht, so erfolgt Rückzahlung der Gebühr.

Die Gebühr ist Verfahrens- wie Schutzgebühr. Sie verfällt, wenn die Anmeldung durch Verfügung des Patentamts zurückgewiesen wird.

Zwangsmittel zur Einziehung der Gebühr sind dem Gesetz fremd.

Was die Wirkung der Anmeldung als zivilistischen Rechtsgeschäfts (Willenserklärung der Inanspruchnahme des Schutzes) betrifft, so besteht sie im Ausschluß neuheitzerstörender Tatsachen (RGZ. 37, 39), Begründung einer Priorität (vgl. Bl. I, 153) und Anfang der Schutzfrist.

Die Priorität einer Gebrauchsmusteranmeldung wird nicht durch den Zeitpunkt einer denselben Gegenstand betreffenden älteren Patentanmeldung, sondern durch den Zeitpunkt des

Antrags auf Eintragung in die Gebrauchsmusterrolle bestimmt (Präs.-Bescheid vom 19. Februar 1902, Bl. VIII, 50). Für die Priorität des Gebrauchsmusters genügt nicht, daß es auf irgendeine Weise zur Kenntnis des Patentamts gebracht ist. RGZ. 37, 38, Bl. VIII, 50.

Ein Anmelder, der im Inland weder Wohnsitz noch Niederlassung hat, hat gleichzeitig mit der Anmeldung einen im Inland wohnenden Vertreter zu bestellen. Über die Vollmacht der Vertreter vgl. § 28 der BO. vom 11. Juli 1891.

Über Abänderungen vgl. Bl. I, 152. Danach werden solche, soweit sie sich auf die Angaben in der Anmeldung beziehen, bis zur Eintragung in die Rolle zugelassen, sofern es sich nicht um den Ersatz des angemeldeten durch ein neues Modell handelt.

Nachträge, die nach der Eintragung oder so kurz vorher eingehen, daß sie nicht mehr berücksichtigt werden können, werden zu besonderem Verfahren verwiesen. Das ist auch der Fall, wenn der Nachtrag den Schutz eines weiteren Modells erstrebt. Zum besonderen Verfahren gehört eine gebührenpflichtige Neuanmeldung. Gesuche um Erteilung eines Zusatzschutzes ohne Gebührenzahlung werden mangels gesetzlicher Grundlage abgewiesen.

Einschränkungen des beanspruchten Schutzes sind zulässig. Doch darf diese Einschränkung nicht dergestalt sein, daß der ursprünglich nachgeprüfte Schutz durch einen andersartigen ersetzt wird, mag auch die der Anmeldung beigefügte Zeichnung die neuerlich als neu beanspruchten Merkmale erkennen lassen. Präs.-Bescheid vom 2. Juni 1902, Bl. VIII, 210. Vgl. hierüber noch Bl. VIII, 133 (RGZ.): Wenn eine Maschine, für die nur der Patent-, nicht Gebrauchsmusterschutz angängig, angemeldet ist, ist es nicht angängig, den Gebrauchsmusterschutz dadurch aufrechtzuerhalten, daß der Schutz auf einzelne Teile der Maschine beschränkt wird. (Was zum Gegenstand der Gebrauchsmusteranmeldung hätte gemacht werden können, ist gar nicht angemeldet worden.)

§ 3.

Entspricht die Anmeldung den Anforderungen des § 2, so verfügt das Patentamt die Eintragung in die Rolle für Gebrauchsmuster.

Die Eintragung muß den Namen und Wohnsitz des Anmelders, sowie die Zeit der Anmeldung angeben.

Die Eintragungen sind durch den Reichsanzeiger in bestimmten Fristen bekanntzumachen.

Änderungen in der Person des Eingetragenen werden auf Antrag in der Rolle vermerkt.

Die Einsicht der Rolle sowie der Anmeldungen, auf Grund deren die Eintragungen erfolgt sind, steht jedermann frei.

Über die für Gebrauchsmusterschutzsachen im Patentamt bestehende Stelle vgl. §§ 19ff. der VO. vom 11. Juli 1891. Ihr liegen die Entgegennahme der Anmeldungen, die Eintragung in die Rolle, die Bekanntmachung, die Umschreibung, die Löschung, Gebührenverfügungen und eine beschränkte Prüfung ob. Die Eintragung in die Rolle wird nämlich verfügt, wenn die Anmeldung den Voraussetzungen der §§ 2, 13 Abs. 2 und § 2 der Bestimmungen vom 22. November 1898 entspricht, also die vom Gesetz geforderten Voraussetzungen gegeben sind. Ob auch die materiellen Voraussetzungen bestehen, der Gegenstand insbesondere schutzfähig ist oder in ein anderes Schutzrecht eingreift, prüft das Patentamt nicht. Auch eine spätere Nachprüfung der Schutzfähigkeit seitens des Patentamts ist ausgeschlossen. Ein Einspruchsverfahren ist in Gebrauchsmustersachen unbekannt. Ob ein Muster — nach § 6 — zu löschen ist, darüber befinden allein die Gerichte, wie ja überhaupt, da keine materielle Prüfung stattfindet, die Eintragung aber nur dann ein Schutzrecht begründet, wenn das angemeldete Muster nach § 1 schutzfähig ist, „die Gerichte im Streitfall trotz der Eintragung zu prüfen haben, ob die Voraussetzungen der Anmeldung gegeben sind" (Allfeld, Kommentar zu § 3 Bl. II, 240). Vgl. auch Bl. XII, 171, wo das Gericht (Landgericht Chemnitz) darüber befunden hat, daß ein Schutz nicht entstanden, wenn die Eintragung in der Rolle nur den Worten nach ein einziges Gebrauchsmuster, dem Wesen nach aber mehrere selbständige Gebrauchsmuster umfaßt, mögen sie sich auch auf den nämlichen Gegenstand beziehen.

Wenn jemand eine richterliche, die Eintragung untersagende Verfügung dem Patentamt beibringt, wird dieses von jener absehen müssen. Für das Verfahren kommen dann die Vorschriften der ZPO. über Arreste und richterliche Verfügungen in Betracht (Robolski S. 30).

Auch wird man dem Patentamt eine materielle Prüfung in der Richtung, ob die Verwertung des Gebrauchsmusters den guten Sitten entspricht, nicht versagen können.

Durch die Eintragung in die Gebrauchsmusterrolle wird überdies für einen Gegenstand, der für unsittliche Zwecke bestimmt ist, der gesetzliche Schutz gar nicht begründet. Dabei wird die Zweckbestimmung beurteilt nach der Art, wie das Objekt im Handel vertrieben wird. Bl. III, 154.

Bei Prüfung der Anmeldungen erläßt die obengenannte Stelle des Patentamts nicht einen Vorbescheid, wie solcher im Patentgesetz vorgesehen ist. Ergeben sich formelle Mängel in der Anmeldung, so wird der Anmelder zur Hebung derselben aufgefordert. Kommt er der Aufforderung nicht nach (ein Anspruch, daß eine vom Patentamt gesetzte Frist als letzte zu bezeichnen sei, besteht nicht: Bl. VII, 114), so erfolgt Zurückweisung der Anmeldung (Bl. I, 153). Auf nachträgliche Eingaben wird die Anmeldestelle sachlich eingehen und das Verfahren fortsetzen. Präs.-Bescheid v. 9. II. 1904, Bl. XIV, 164. Gegen die Zurückweisung gibt es nicht den Weg der Beschwerde, wohl aber eine den Charakter eines Rechtsmittels an sich tragende Vorstellung an den Präsidenten des Patentamts. Die Verfügungen des Präsidenten auf Vorstellungen gegen Verfügungen der Anmeldestelle sind daher endgültig und der Anfechtung im Verwaltungswege entgegen. Erlaß des Staatssekr. d. Innern v. 1. Februar 1904, Bl. X, 173. Der Mangel einer Fristsetzung für die Vorstellung gibt keine Handhabe dafür, daß diese während der ganzen drei Jahre seit dem Anmeldungstage möglich wäre. Präs.-Besch. Bl. XIV, 163.

Der Inhalt der Eintragungen in die Musterrolle ist folgender:

a) Bezeichnung des Modells;
b) Name und Wohnsitz des Anmelders;
c) „ „ „ „ Vertreters des ausländischen Anmelders;
d) Zeit der Anmeldung;
e) Änderungen in der Person des Eingetragenen oder des Vertreters, die, wenn sie in der Rolle vermerkt werden sollen, in beweisender Form zur Kenntnis des Patentamts zu bringen sind (§ 22 der OV vom 11. Juli 1891).

  § 19 Abs. 2 des PatG. hat auch für das Gebrauchsmusterschutzgesetz zu gelten, RGZ. 76, 176, die Erteilung von Lizenzen gilt nicht als Änderung im Gesetz des Gesetzes.

f) Verlängerung der Schutzfrist;
g) Löschung des Eintrags.

Die Eintragungen sind ohne Kosten für die Beteiligten durch den Reichsanzeiger in bestimmten Fristen bekanntzumachen, ebenso die nicht infolge von Fristablauf stattfindenden Löschungen (§ 8). Bei den infolge Fristablaufs geschehenden Löschungen ist solche Bekanntmachung nicht nötig, da sich hier der Endtermin aus dem eingetragenen und bekanntgemachten Anfangstermin ergibt. Das Patentamt kann nach seinem Ermessen von den bei ihm beruhenden Eingaben und Verhandlungen, soweit die Einsicht in dieselben gesetzlich nicht beschränkt ist, an jedermann Abschriften und Auszüge gegen Einzahlung der Kosten erteilen (§ 29 der VO. vom 11. Juli 1891). Auch steht die Einsicht der Rolle sowie der Anmeldungen, auf Grund deren die Eintragungen erfolgt sind, jedermann frei. Die beteiligten Gewerbekreise sind dadurch in die Lage gesetzt, durch Einholung der Abschrift der Eintragung und Anmeldung ohne Kenntnisnahme von der niedergelegten Nach- und Abbildung selbst, die oft Reisen nach dem Sitz des Patentamts und Kosten erfordern würde, Sicherheit über die Neuheit des Modells zu erlangen. RGZ. Bl. IV, 36. Die Bekanntmachung des Gebrauchsmusters soll das Einsichtsrecht nicht etwa erst begründen, sie soll nur weitere Kreise auf das neuentstandene Gebrauchsmuster aufmerksam machen. Anträge auf Hinausschiebung der Bekanntmachung nach der Eintragung werden abgelehnt. Mitteilungen Bl. I, 154. Der Nachweis eines rechtlichen Interesses zur Einsicht in die Gebrauchsmusterrolle und die Anmeldungen ist dem Gesetz fremd.

Nach Eintragung in der Rolle erhält der Eingetragene eine Ausfertigung des Eintragungsvermerks (§ 23 der VO. vom 11. Juli 1891). Eine Gebühr wird nicht erhoben. Die Urkunde ist lediglich Beweisurkunde. Die Übertragung des Rechts vollzieht sich unabhängig vom Besitz der Urkunde.

Eine Drucklegung der Unterlagen (Zeichnung oder Beschreibung) findet bei Gebrauchsmustersachen nicht statt.

Aussetzung der Eintragung ist außer im Falle der Eventualanmeldung möglich, namentlich mit Rücksicht auf Anmeldungen im Ausland (drei Monate; in Ausnahmefällen bei eingehender Begründung sechs Monate, Bek. Nr. 2).

Die Aussetzung der Eintragung und Bekanntmachung mit Rücksicht auf eine Auslandspatentanmeldung kann auch auf die Begründung erfolgen, daß die ausländische Anmeldung erst beabsichtigt sei; aus dem Zweck der Bestimmung der Bekanntmachung vom 22. November 1898 zu 2b in Verbindung mit der Bestimmung in 2c folgt, daß unter einer gleichzeitigen Anmeldung eine solche zu verstehen ist, die innerhalb der beantragten Aussetzungsfrist erfolgen soll. Präs.-Bescheid vom 11. Juli 1902, Bl. VIII, 210.

Wenn es der Praxis entspricht, nach der Eintragung eines Gebrauchsmusters „Eingaben, die ersichtlich nur eine Einschränkung des in der Anmeldung enthaltenen Schutzanspruchs enthalten", während der ganzen Dauer der Schutzfrist zuzulassen (Bl. I, 152, 153), so wird dabei eine derartige Einschränkung des Schutzes vorausgesetzt, daß von mehreren den Schutz wesentlich begründenden Merkmalen des Modells das eine oder andere Merkmal als unwesentlich in Wegfall kommen soll. Dagegen ist es unzulässig, nach der Eintragung eines Gebrauchsmusters durch eine zu den Akten überreichte Eingabe eine Eigentümlichkeit des eingetragenen Modells als geschützt zu beanspruchen, die bisher weder im Schutzanspruch, noch auch nur in der Beschreibung erwähnt worden war. Präs.-Bescheid vom 2. Juli 1902, Bl. VIII, 210.

Für die geschäftliche Behandlung der Gebrauchsmusteranmeldungen ist eine Einteilung in Klassen vorgesehen. Es gilt auch hier das Patentklassenverzeichnis.

Über Erstattung von Gutachten in Gebrauchsmusterangelegenheiten vgl. § 9 der VO. vom 1. Juni 1891, sowie die Bekanntmachung, die Ermächtigung des Reichskanzlers betr., vom 14. September 1894 (Bl. I, 4).

Der Inhaber des Gebrauchsmusters darf beim Hinweis auf dieses Recht nicht den Kaiserlichen Adler benutzen. Präs.-Bescheid v. 22. Oktober 1901, Bl. VII, 274.

§ 4.

Die Eintragung eines Gebrauchsmusters im Sinne des § 1 hat die Wirkung, daß dem Eingetragenen ausschließlich das Recht zusteht, gewerbsmäßig das Muster nachzubilden, die durch Nachbildung hervorgebrachten Gerätschaften und Gegenstände in Verkehr zu bringen, feilzuhalten oder zu gebrauchen.

Das durch eine spätere Anmeldung begründete Recht darf, soweit es in das Recht des auf Grund früherer Anmeldung Eingetragenen eingreift, ohne Erlaubnis des letzteren nicht ausgeübt werden.

Wenn der wesentliche Inhalt der Eintragung den Beschreibungen, Zeichnungen, Modellen, Gerätschaften oder Einrichtungen eines anderen ohne Einwilligung desselben entnommen ist, so tritt dem Verletzten gegenüber der Schutz des Gesetzes nicht ein.

Über die Wirkungen der Anmeldung s. bei § 3.

Gebrauchsmusterschutz setzt formell voraus, daß das Muster eingetragen, materiell, daß es schutzfähig.

Das Recht am Gebrauchsmuster wird wirksam erst mit der Eintragung. Eine Zurückziehung auf den Tag der Anmeldung, wie sie die Motive annehmen, findet nicht statt. Sonach besteht kein gesetzlicher Schutz für die Zeit zwischen Anmeldung und Eintragung. Doch ist (vgl. § 7) schon das Recht aus der Anmeldung vererblich und veräußerlich. Stimmt die Anmeldung mit der Eintragung nicht in wesentlichen Punkten überein, so ist letztere ohne Wirkung.

Ob der den Schutz beanspruchende Gegenstand den gesetzlichen Anforderungen genügt, ist seitens der Gerichte nachzuprüfen, da das Patentamt die Eintragung ohne Prüfung vornimmt. In der Kommission war der Antrag gestellt worden, eine ähnliche Bestimmung, wie sie § 13 des Musterschutzgesetzes enthält, aufzunehmen (also auszusprechen), daß das eingetragene Muster bis zum Beweis des Gegenteils als schutzberechtigt im Sinne des § 1 gelte; der Antrag wurde aber zurückgezogen.

Die Beweislast richtet sich nunmehr nach den allgemein gültigen Regeln des Zivilprozesses. Unrichtig ist es, wenn die Motive dem Eingetragenen regelmäßig die Beweislast auflegen, daß die Voraussetzungen des § 1 vorliegen. Im Zweifelsfall wird der Eingetragene nachzuweisen haben, daß der Gegenstand der Eintragung Gebrauchsmustereigenschaft besitze, der Gegner, daß ihm die Neuheit mangele. (A. M. Isay [383], doch weist Osterrieth mit Recht darauf hin, daß jeder eigenartigen Gestaltung bis zum Beweis des Gegenteils die Vermutung der Neuheit zukommt). Ist Beweis darüber zu erheben, ob ein Muster den guten Sitten widerspricht, so liegt mit Rücksicht darauf, daß das Patentamt eine Vorprüfung in dieser Richtung schon vorgenommen hat, dieser Beweis dem die Sittenwidrigkeit Behauptenden ob (Seligsohn S. 469).

Im Strafverfahren muß dem Angeschuldigten bewiesen werden, daß er ein bestimmtes Schutzrecht verletzt hat.

„Der Gegenstand des Gebrauchsmusters ergibt sich aus der Angabe der neuen, dem Gebrauchszweck dienenden Gestaltung (§ 2 Abs. 2). Beschreibungen, sowie Nach- oder Abbildungen dienen zur Verdeutlichung dieser Angabe. Im Fall eines Widerspruchs zwischen dieser Angabe und der Beschreibung oder der Nach- oder Abbildung ist nur erstere maßgebend" (Osterrieth, Lehrbuch S. 199).

Bei Feststellung des Schutzrechts ist der Gesamtinhalt der Anmeldung, Bezeichnung, Beschreibung und Nach- oder Abbildung des Modells zu berücksichtigen. RGZ. Bl. VII, 149.

Eine Beschränkung des Schutzes auf den in der Eintragung angegebenen Gebrauchszweck des geschützten Gegenstandes oder (beim Schutz einer Anordnung) auf den in der Anmeldung genannten Stoff ist nicht angängig. RGS. 35, 348.

Dem Musterschutzberechtigten stehen dieselben ausschließlichen Befugnisse wie dem Patentinhaber, ein Benutzungsrecht und ein Untersagungsrecht zu.

Gewerbsmäßiger Gebrauch ist jede Benutzung beim Betriebe eines Gewerbes. Es soll auch die Verwendung als Hilfsmittel der gewerblichen Produktion getroffen werden. Letzteres ist der Fall, wenn ein Apparat (zum Buttern) im Gewerbebetriebe benutzt ist und die mittels desselben gewonnenen Erzeugnisse ebenso wie die anderen Erzeugnisse des Gewerbebetriebes verwandt werden. RGS. 27, 88.

Das Wort gewerbsmäßig bezieht sich auf sämtliche Fälle der Verletzung des Schutzrechts. RGS. Bl. I, 231.

Die Wirkungen des Schutzes erstrecken sich nur auf das Inland und die Schutzgebiete (KV. vom 9. November

1900), nicht auf das Ausland. Will man dort Schutz erlangen, ist besondere Anmeldung dort nötig. Die bloße Durchfuhr eines dem geschützten Gegenstand gleichen ist nicht verboten (Robolski S. 35). Eine Verletzung des durch § 4 gewährleisteten Rechts tritt also erst dann ein, wenn der nachgeahmte Gegenstand in eine örtliche Beziehung zum Inland gebracht wird. Darin, daß jemand in Deutschland über ein im Ausland hergestelltes Produkt (im Inland geschützt) derart verfügt, daß das Produkt ohne Berührung des Inlandes vom Ausland nach dem Ausland verkauft wird, liegt keine Rechtsverletzung. LG. Hamburg, Bl. XV, 17.

Die Klage auf Unterlassung störender Handlungen setzt ein Verschulden nicht voraus. Zur Strafverfolgung und Schadensersatzklage ist Wissentlichkeit oder Fahrlässigkeit Voraussetzung (§§ 9, 10 Ges.).

Als Schutzmittel ist auch die Feststellungsklage denkbar, auf gegnerischer Seite auch in der Form der negativen Feststellungsklage.

Die Schadensersatzpflicht desjenigen, der auf Grund eines eingetragenen, aber nicht schutzfähigen Gebrauchsmusters eines anderen an der Herstellung des Musters in seinem Gewerbebetrieb verhindert hat, ist nicht nur im Fall der Kenntnis von der Schutzlosigkeit des Gebrauchsmusters begründet. RGZ. 58, 24.

Zu Abs. 2: Der Abs. 2 bezieht sich strenggenommen nur auf die Ausübung, Benutzung des Gebrauchsmusters, enthält aber natürlich auch eine Beschränkung des Untersagungsrechts.

Findet eine Ausübung trotz der Vorschrift des Abs. 2 statt, so stehen dem dann Verletzten die Schutzrechte zu, die an sich dem Musterberechtigten zukommen. Ein Anspruch auf Löschung gemäß § 10 Abs. 2 des PatGes. ist nicht gegeben. Löschung kann vielmehr nur auf Grund des § 6 gefordert werden. Der Inhaber des älteren, die Abhängigkeit begründenden Gebrauchsmusters darf nicht das für das jüngere GM. Wesentliche verletzen — ganz ohne Rücksicht darauf, ob etwa der Inhaber des jüngeren GM. in die Rechte des älteren GM. eingreift. RGS. 42, 127.

Maßgeblich ist die frühere Anmeldung, nicht die Eintragung. Die Anmeldung im Auslandsstaate kommt in Betracht, soweit das die internationalen Rechtsbeziehungen (§ 16) ermöglichen. Für Ausstellungen vgl. noch Gesetz vom 18. März 1904.

Da eine Prüfung des Gebrauchsmusters nicht stattfindet, so ist der Fall denkbar, daß ein Gebrauchsmuster zur Eintragung kommt, das mit einem früher eingetragenen völlig übereinstimmt. Dann hat der Zweiteingetragene, solange das ältere Recht besteht, ohne Erlaubnis des Ersteingetragenen gegen Dritte kein Untersagungsrecht.

Im Fall teilweiser Übereinstimmung ist der Zweiteingetragene Dritten gegenüber nicht beschränkt. (A. M. Osterrieth, Lehrbuch S. 194, mit der falschen Begründung, daß das Wesen des Rechts in der Ausschließlichkeit seiner Befugnisse ruhe).

Zu Abs. 3: Eine Bestimmung, wie sie § 5 des PatGes. gibt, daß nämlich die Wirkung eines Patents gegen den nicht eintritt, der zur Zeit der Anmeldung im Inland die Erfindung schon in Benutzung genommen oder die zur Benutzung nötigen Anstalten getroffen hat, enthält das Gebrauchsmusterschutzgesetz nicht. Es gibt also hier kein Recht der Vorbenutzung. (A. M. Damme in Gewerbl. Rechtsschutz 9, 107, Seligsohn S. 470 u. a.) War solche offenkundig geschehen, so steht dem Vorbenutzer freilich die Löschungsklage nach § 6 Abs. 1 zu.

Auch ist ein gewisses Vorbenutzungsrecht aus § 4 Abs. 3 zu folgern. Liegt solche Entnahme vor, so ist der Verletzte oder sein Rechtsnachfolger befugt, trotz der Eintragung des Gebrauchsmusters ein solches weiter zu benutzen.

Die Entnahme im Sinne des Abs. 3 setzt irgendwelche Verschuldung nicht voraus.

Über die Löschung im Fall des Abs. 3 vgl. § 6 Abs. 2 des Gesetzes.

„Dem Verletzten steht nur ein Abwehrrecht, ein negatives Recht gegen den Eingetragenen, nicht aber ein Gebrauchsmusterrecht oder ein sonstiges positives Recht gegen

Dritte zu" (Robolski S. 41). A. M. Osterrieth, Lehrbuch S. 194.

Die Eintragung als Gebrauchsmuster schützt nicht vor Strafe, wenn die Ausbeutung als solche strafbar. LG. Passau, Bl. V, 212.

§ 5.

Soweit ein nach § 4 begründetes Recht in ein Patent eingreift, dessen Anmeldung vor der Anmeldung des Modells erfolgt ist, darf der Eingetragene das Recht ohne Erlaubnis des Patentinhabers nicht ausüben.

Imgleichen darf, soweit in ein nach § 4 begründetes Recht durch ein später angemeldetes Patent eingegriffen wird, das Recht aus diesem Patent ohne Erlaubnis des Eingetragenen nicht ausgeübt werden.

Die beiden Absätze des Paragraphen entsprechen sich. Nach Abs. 1 darf zugunsten eines älteren Patentrechts ein jüngeres Gebrauchsmusterrecht nicht ausgeübt werden, nach Abs. 2 zugunsten eines älteren Gebrauchsmusterrechts ein jüngeres Patentrecht nicht. Darüber, welches Recht als das jüngere zu bezeichnen ist, entscheidet auch hier die Anmeldung.

Nur die Ausübung ist untersagt, dagegen kann auf Grund eines älteren Gebrauchsmusters die Löschung des neuen oder die Nichtigkeit des jüngeren Patents nur erlangt werden, wenn mangelnde Neuheit usw. gegeben ist.

RGZ. 50, 111 ist, was nach den Motiven ausgeschlossen zu sein scheint, dem Gesetz aber entspricht, ausgesprochen, daß das Recht eines (von einem Patentrecht abhängigen) Gebrauchsmusterrechts ein wirkliches Recht ist und sein Modell nicht ohne Erlaubnis des Berechtigten von jedermann in Benutzung genommen werden darf. Hieraus folgt, daß der Gebrauchsmusterinhaber das Verbietungsrecht und das Recht auf Schadensersatz wegen unbefugter Nachbildung gegen jeden Dritten hat. Der Schadensersatz darf auch deshalb nicht für ausgeschlossen gelten, weil der Gebrauchsmusterinhaber keinen Schaden erlitten „aus der Erwägung heraus, daß er Nachbildungen des Modells nicht herstellen und vertreiben durfte, durch die unbefugte Nachbildung also keine Vermögensschädigung entstanden sei". Die unbefugte Nachbildung eines geschützten Modells ist stets ein Eingriff in das Vermögen des Berechtigten und hat die Folge, daß der letztere nach seiner Wahl entweder Ersatz des Schadens fordern darf, den er durch Benutzung des Modells unmittelbar erleidet, oder eine Lizenzgebühr oder den vom Gegner erzielten Gewinn. (A. M. Osterrieth, Lehrbuch S. 194, mit unzutreffender Begründung darauf, daß das Wesen eines Rechts in der Ausschließlichkeit seiner Befugnisse bestehe.)

Die Mittel, wie sich der nach Abs. 1 und 2 Berechtigte gegen Eingriffe wehrt, sind die sonst aus dem Gesetz bei Eingriffen gegebenen.

Die Entscheidung über die Eingriffe wird in der Regel nur von den Gerichten getroffen werden. „Nur im Fall des Abs. 2 ist es möglich, daß das Patentamt die Anmeldung zum Patent mit Rücksicht auf das ältere Muster zurückweist. Dies setzt aber voraus, daß der Gegenstand schon vor der Anmeldung zum Patent die Neuheit verloren hat (§ 2), was trotz Anmeldung und Eintragung in die Musterrolle nicht unbedingt der Fall sein muß. Wird trotz mangelnder Neuheit das Patent erteilt, so hat der Musterrechtsinhaber u. U. die Nichtigkeitsklage" (Allfeld, Kommentar zu § 5). Vgl. RGZ. 61, 399.

§ 6.

Liegen die Erfordernisse des § 1 nicht vor, so hat jedermann gegen den Eingetragenen Anspruch auf Löschung des Gebrauchsmusters.

Im Falle des § 4 Abs. 3 steht dem Verletzten ein Anspruch auf Löschung zu.

Über weitere Löschungsfälle und die Bekanntmachung im Reichsanzeiger vgl. § 8 Abs. 2 u. 3.

Die Löschung auf Grund des Abs. 1:

Die Eintragung eines nicht schutzfähigen und nicht neuen Gebrauchsmusters hat keine Rechtswirkung. Immerhin ist der Schein eines Rechts vorhanden. Um auch diesen zu beseitigen, ist der Behelf des § 6 Abs. 1 gegeben. Bl. XII, 310; Bl. XV, 312.

„Liegen die Erfordernisse des § 1 nicht vor, so ist ein Schutzrecht in Wahrheit nicht vorhanden; nur der Schein eines solchen Rechts wird durch den Eintrag in der Musterrolle vorgespiegelt. Aufgabe der Klage nach § 6 Abs. 1 ist es, diesen Schein zu zerstören. Ob man die Klage mit Langheineken, Urteilsanspruch S. 158, Kisch, Beiträge zur Urteilslehre S. 42, Kohler, Musterrecht S. 129 als Feststellungsklage oder mit Hellwig, Zivilprozeßrecht Bd. 1 S. 239, Stein, Zivilprozeßordnung 8 u. 9. Aufl. Bd. 1 S. 546 als Klage auf ein ex tunc wirkendes konstitutives Urteil aufzufassen hat, kann als rein konstruktiv auf sich beruhen. Wesentlich ist nur die Erkenntnis, daß das Urteil, auch wenn es nur auf Löschungsbewilligung lautet, den Gegensatz zwischen Schein und Wirklichkeit vollständig und nicht bloß für die Zukunft bereinigt. Es bedarf nicht erst der Anstellung einer zweiten Klage, um den aus der Vergangenheit hergeleiteten Schadenersatzansprüchen den Boden zu entziehen." RGZ. 71, 195. A. M. Seligsohn S. 457, Osterrieth, Lehrbuch S. 200.

Wie auch Allfeld Kommentar zu § 6 Abs. 1, sagt, hat die Löschung nur formelle Bedeutung; sie soll die Rolle des Patentamts bereinigen. Ein vertragsmäßiger Verzicht auf den im Allgemeininteresse gegebenen Löschungsanspruch des Abs. 1 ist unwirksam (OLG. Dresden, Bl. XII, 309).

Die Erfordernisse des § 1 liegen nicht vor, wenn es sich um einen Gegenstand handelt, der nicht ein den Gesetzen und guten Sitten entsprechendes Modell, nicht eine Arbeitsgerätschaft, nicht ein Gebrauchsgegenstand, nicht ein Teil solcher ist oder diesen Zwecken nicht durch neue Gestaltung, Anordnung oder Vorrichtung dienen soll oder nicht neu (vgl. auch § 1 Abs. 2) ist. Die Löschungsklage aus § 6 ist also insbesondere auch gegeben beim Fehlen der Angabe der neuen Gestaltung usw. Doch braucht diese Angabe nicht notwendig in Form eines besonderen Schutzanspruchs zu erfolgen. RGZ. 40, 140. Dagegen ist in den Fällen des § 4 Abs. 2, §§ 5 u. 13 der Löschungsgrund aus § 1 nicht etwa gegeben. Auch kann, wenn ein Gebrauchsmusterrecht durch Zeitablauf erloschen, der Inhaber nicht nachträglich zur Löschung verurteilt werden. Bl. VI, 351.

Anspruchsberechtigt ist jedermann, auch der Ausländer — Prozeßfähigkeit vorausgesetzt. Ein besonderes Interesse braucht nicht nachgewiesen zu werden, der Anspruch richtet sich gegen den Eingetragenen; dasselbe gilt, wenn das Gebrauchsmuster durch Rechtsgeschäft unter Lebenden übertragen und der Übergang in der Rolle noch nicht vermerkt ist. (Eventuelle Streitverkündung nach §§ 72 ff. der ZPO. seitens des Eingetragenen an den Rechtsnachfolger.) Ist der Eingetragene gestorben, so ist die Klage gegen den Rechtsnachfolger zu richten, im Konkursfall gegen den Konkursverwalter. Die Inhaber eines Gebrauchsmusters sind bei der Löschungsklage nicht notwendig Streitgenossen. Bl. XIV, 32. Der Weg der Klage setzt voraus, daß der Beklagte dem Kläger, soll der letztere nicht kostenfällig werden (LG. Berlin Bl. III, 53), Anlaß zur Klage gegeben hat, so durch bewußt rechtswidrige Anmeldung (Bl. IX, 149). Der Antrag ist auf Bewilligung der Löschung zu richten. Die Vollstreckung erfolgt auf Grund des § 894 Satz 1 der ZPO. (Osterrieth, Lehrbuch S. 199). Der Kläger hat dem Patentamt nur ein mit der Bescheinigung des Gerichtsschreibers über die „Rechtskraft des Urteils versehene Ausfertigung des Urteils vorzulegen mit dem Antrag, die Löschung zu bewirken" (Robolski S. 45, vgl. auch Bl. I, 155).

Der Anspruch auf Löschung kann auch im Weg der Widerklage geltend gemacht werden.

Die Beweislast, daß die Voraussetzungen des § 1 nicht vorliegen, trifft im Fall des Rechtsstreits den Kläger. Der auf Löschung beklagte Inhaber eines Gebrauchsmusters muß nicht etwa dessen Neuheit beweisen. LG. Leipzig Bl. I, 62. Wird er aber klagbar, so muß er diese beweisen.

Das Urteil kann auch auf Teillöschung ergehen. Bl. V, 85. Der demzufolge gestellte Antrag auf Teillöschung wurde von seiten des Patentamts abgelehnt, da das Gesetz „eine Teillöschung nicht kenne" (Ebenda). Bl. VII, 16. Bl. VIII, 162. Bl. XII, 195. (Teillöschungsanspruch unbegründet, wenn das eingetragene Modell in seiner Totalität als neu anzusehen ist.) Bl. XIV, 33. Bl. XV, 141. Bl. I, 120.

Für den Gerichtsstand sind die §§ 12ff. der ZPO. und § 13 des Gesetzes zu vergleichen. Für die Wertsbemessung ist das Interesse maßgebend, das der Kläger hat, daß ihm durch die Muster sein Geschäftsbetrieb nicht beeinträchtigt werde.

Die Löschung auf Grund des Abs. 2:

Wenn der wesentliche Inhalt der Eintragung den Beschreibungen, Zeichnungen, Modellen, Gerätschaften oder Einrichtungen eines anderen ohne Einwilligung desselben entnommen ist, so steht dem Verletzten ein Anspruch auf Löschung zu.

Nach § 4 Abs. 3 tritt dem Verletzten gegenüber der Schutz des Gesetzes nicht ein.

Die Löschung hat hier materiellrechtliche Wirkung. Sie bringt ein an sich bestehendes Recht zur Löschung (Allfeld, Kommentar zu § 6).

Zur Klage berechtigt ist der Verletzte.

Als Gerichtsstand kommt hier auch der der unerlaubten Handlung in Frage.

Die vollzogene Löschung führt auch im Fall des Abs. 2 das Erlöschen des Rechts herbei.

Über Ablehnung eines von einem Bevollmächtigten gestellten Antrags auf Löschung eines Gebrauchsmusters wegen Unklarheit der Vollmacht: Bl. VIII, 50.

Die Schutzfähigkeit eines Gebrauchsmusters wird dadurch nicht beeinträchtigt, daß in der Anmeldung bestimmungswidrig mehrere Modelle beansprucht sind. Die auf diesen Tatumstand gestützte Löschungsklage ist abzuweisen. LG. Dresden Bl. XVI, 238.

§ 7.

Das durch die Eintragung begründete Recht geht auf die Erben über und kann beschränkt oder unbeschränkt durch Vertrag oder Verfügung von Todeswegen auf andere übertragen werden.

Man vgl. auch die Bemerkungen zu § 3 des GeschmMSchGes.

Eine Nachfolge in das Gebrauchsmusterrecht ist möglich im Weg des Erbgangs und der Übertragung und zwar solcher durch Vertrag oder Verfügung von Todeswegen.

Von einem durch die Eintragung begründeten Recht kann nur dann die Rede sein, wenn eine formell richtige Eintragung vorliegt und die gesetzlichen Voraussetzungen des Gebrauchsmusters gegeben sind.

Für die Wirksamkeit der Übertragung ist die Eintragung des Erwerbes in die Gebrauchsmusterrolle nicht nötig. RGZ. 67, 177.

Trotz des Gesetzeswortlauts und der Ausführung in den Motiven, wo gesagt ist, daß die Übertragbarkeit von der Eintragung abhängt, muß man annehmen, daß die Übertragung des Musters schon vor der Anmeldung erfolgen kann (so Allfeld, Kommentar zu § 7, Robolski S. 48). Durch solche Übertragung wird dem Erwerber die Möglichkeit gegeben, sich durch Anmeldung des Musters die Priorität zu sichern. Auch ist der Erwerber dem Rechtsvorgänger gegenüber gegen einen auf § 6 Z. 2 gestützten Löschungsanspruch geschützt; umgekehrt kann er vom Rechtsvorgänger, wenn dieser zur Eintragung schreitet, Löschung nach § 6 Abs. 2 (§ 4 Abs. 3) verlangen. Bei Übertragung nach der Anmeldung, aber vor der

Eintragung hat der Erwerber den Anspruch auf Eintragung und die Priorität gegenüber jedem späteren Anmelder.

Bei Übertragung nach der Eintragung erwirbt der Rechtsnachfolger das volle Recht, soweit es mit der Eintragung verknüpft ist.

Zur Übertragung durch Vertrag ist eine bestimmte Form nicht nötig. Es kann sich um Kauf, Tausch, Schenkung handeln.

Bezüglich der Gewährleistungspflicht sind die allgemeinen Grundsätze des bürgerlichen Rechts anzuwenden.

Ein Vertrag über den Verkauf eines Gebrauchsmusters, dem bereits zur Zeit des Vertragsabschlusses die Schutzfähigkeit mangelt, ist nichtig. RGZ. Bl. XV, 16.

Ist, was die Übertragung von Todeswegen anlangt, nichts anderes vom Erblasser bestimmt, so wird, wenn der Erblasser mehrere Erben hinterläßt, das Musterrecht gemeinschaftliches Vermögen der Erben (§ 2032 BGB.). Zur gemeinschaftlichen Verfügung über dieses Recht ist § 2040 BGB. zu vergleichen. Die Erben können insbesondere nur gemeinschaftlich bestimmen, ob das noch nicht angemeldete Muster anzumelden ist.

In Ermangelung anderer Erben fällt das Recht an den Fiskus.

Der Urheber kann sein Recht auch auf andere Personen als auf seine Erben durch Verfügung von Todeswegen, insbesondere Vermächtnis, beschränkt oder unbeschränkt übertragen.

Die Beschränkung kann zeitlich, örtlich und inhaltlich sein. Man denke z. B. an die bloße Übertragung des Feilhaltungsrechts. Auch die Bestellung eines Nießbrauchs-, Pfandrechts und die Einräumung einer Lizenz an einem Gebrauchsmuster ist möglich. Der Lizenznehmer hat das Recht der Ausübung, aber nicht das der ausschließlichen Ausübung.

Der Lizenzvertrag ist weder Kauf- noch Pachtvertrag, sondern ein besonderes aus der Gesetzgebung über den gewerblichen Rechtsschutz erwachsenes Rechtsgebilde, das in erster Linie aus seiner eigenen Natur, aus den Bedürfnissen des Verkehrs und aus dem zu vermutenden Willen der Parteien zu erklären ist. Vgl. LG. Bautzen, Bl. X, 174.

Die eigentümliche Gestalt des Gebrauchsmusterschutzes läßt die Auferlegung einer Haftung dafür, daß das Gebrauchsmuster zur Zeit des Vertragsabschlusses neu gewesen sei, als ungebührliche Härte gegen den Veräußerer der Lizenz erscheinen. Anderseits entspricht es dem Willen der Parteien und der Billigkeit, wenn der Erwerber der Lizenz, falls sich erweist, daß das Gebrauchsmuster nicht neu war, die Lizenzgebühr zurückerhält. Hans. OLG. Bl. XVII, 125. Vgl. auch RGZ. Bl. XIV, 206. A. M. KG. ebenda 128 und Rechtspr. der OLG. 25. Bd. S. 229. RGZ. Bl. V, 247. Einen Lizenzzwang, d. h. eine allgemeine Verpflichtung der Berechtigten, sein Recht gegen Entgelt an jedweden abzutreten, kennt das Gesetz nicht.

Zwangsvollstreckung in das Gebrauchsmusterrecht ist möglich. „Vor der Anmeldung aber nur dann, wenn das Recht von dem Urheber bereits in die Hand eines anderen durch Vertrag oder Verfügung von Todeswegen übergegangen ist, denn nur in diesem Fall ist das Recht Vermögensobjekt geworden.“ (Allfeld Gbr. S. 95.)

Auf Antrag wird der Rechtsübergang in der Rolle vermerkt. § 3 Abs. 4 Ges. Anders als beim Patent ist die Wirkung des Übergangs nicht vom Vermerk der Eintragung bedingt. Die Löschungsklage (§ 6) richtet sich immer nur gegen den Eingetragenen.

§ 8.

Die Dauer des Schutzes ist drei Jahre; der Lauf dieser Zeit beginnt mit dem auf die Anmeldung folgenden Tage. Bei Zahlung einer weiteren Gebühr von sechzig Mark vor Ablauf der Zeit tritt eine Verlängerung

der Schutzfrist um drei Jahre ein. Die Verlängerung wird in der Rolle vermerkt.

Wenn der Eingetragene während der Dauer der Frist auf den Schutz Verzicht leistet, so wird die Eintragung gelöscht.

Die nicht infolge von Ablauf der Frist stattfindenden Löschungen von Eintragungen sind durch den Reichsanzeiger in bestimmten Fristen bekanntzumachen.

§ 8 nennt zwei Endigungsfälle eines Gebrauchsmusterrechts, den Zeitablauf und den Verzicht. Ein Dritter folgt aus § 6 des Gesetzes. Hier schafft die Löschung der Eintragung den Untergang des Rechts, in den Fällen des § 8 dagegen die Endigungsgründe als solche. Die Löschung stellt hier (§ 8) nur das Erlöschen fest. Ist sie aus Versehen geschehen, so ist sie unwirksam (Osterrieth, Lehrbuch S. 198).

Die Erlöschensfälle sind, soweit nicht Zeitablauf in Betracht kommt, im Reichsanzeiger bekanntzumachen. Im Fall des Zeitablaufs unterbleibt die Bekanntgabe, weil hier die Feststellung durch Berechnung nach dem Zeitpunkt der Eintragung oder Verlängerung für jedermann ohne weiteres möglich ist. Die Löschung erfolgt hier zwecks Bereinigung des Registers.

Die Motive sprechen aus, daß sich die Wirkung der Eintragung auf die Zeit zwischen Anmeldung und Eintragung zurückbeziehe. Das entspricht §§ 4, 7 des Gesetzes nicht. Daraus erhellt, daß sich der Schutz erst an die Eintragung knüpft. Für die Schutzdauer ist indes der Zeitpunkt der Anmeldung maßgeblich (Bl. I, 62). Die schutzlose Frist zwischen Anmeldung und Eintragung wird in die Schutzfrist von drei Jahren eingerechnet. Diese Rechtslage darf durch eine willkürliche Verlegung des Anmeldetags nicht verändert werden. Der Anmelder kann eine erhebliche Verkürzung der Schutzfrist nur in der Weise verhüten, daß er die eingereichte Anmeldung zurückzieht und das Gebrauchsmuster neu anmeldet. Bl. I, 62. Was den Zeitablauf anlangt, so sind die Fristen des BGB. (§§ 187 Abs. 2, 188 Abs. 2) maßgebend. Die Frist endet also mit dem Ablauf des Tages des letzten Monats, der durch seine Zahl dem Anmeldungstag entspricht. Fehlt dieser Tag im Jahr des Fristablaufs, so endet die Frist am vorhergehenden Tag. Ein am 29. Februar 1908 angemeldetes Gebrauchsmuster endet also am 28. Februar 1911.

Die Einzahlung der Verlängerungsgebühr, die mit der ersten Gebühr gezahlt werden kann und deren Stundung und Erlaß nicht möglich ist (Bl. I, 155), bewirkt von selbst die Verlängerung. Ein besonderer Antrag auf Gewährung der Verlängerung ist nicht nötig. Auch ist der im Gesetz erwähnte Vermerk nicht etwa Voraussetzung der letzteren. Die neue Frist schließt sich ohne weiteres an die alte an. Sie endet also im gewählten Beispiel mit dem 28. Februar 1914. Vgl. Bl. I, 155. Vgl. auch Bl. I, 4; wonach aus dem Wegfall der üblichen Mahnung keine Rechte geltend gemacht werden können.

Ebenso wie Stundung und Erlaß ist auch verspätete und unvollständige Zahlung der Verlängerungsgebühr ohne Wirkung. Verspätet ist die Zahlung, wenn sie nicht spätestens am letzten Tag der Schutzfrist erfolgt. Sie muß bei der Kasse des Patentamts erfolgen. Zur Wahrung der Frist genügt die Einzahlung (nur Bareinzahlung, nicht Geldbrief oder Einschreibebrief. Bek. v. 11. Dezember 1901, Bl. VII, 290) bei einer Postanstalt im Gebiet des Deutschen Reichs. Bl. I, 155 (§ 9 PatG.). Wird die Verlängerungsgebühr eines Gebrauchsmusters nicht bar, sondern in einem eingeschriebenen oder sonstigen Briefe an das Patentamt gesandt, so gilt als Zahlungstag erst der Tag, an welchem der Brief bei dem Patentamt eingeht. Die Zahlungsfrist endet mit dem letzten Tage der dreijährigen Schutzfrist, gleichgültig, ob dieser Tag ein Werktag oder Feiertag ist. Präs.-Besch. v. 31. August 1906, Bl. XII, 309. Die Verlängerungsgebühr ist wie die erste Gebühr eine Schutzgebühr. Beide werden zurückgezahlt, wenn Schutz nicht entsteht (Rücknahme der Anmeldung, Löschung, Verzicht). Bl. I, 155. Der für ein Gebrauchsmuster bestehende Rechtsschutz kann nicht dadurch verlängert werden, daß der Inhaber, anstatt die Verlängerungsgebühr zu zahlen, das Modell vor Ablauf der ersten drei Jahre von neuem zur Eintragung in die Rolle anmeldet. OLG. Breslau, Bl. XIII, 156.

Die Verzichtserklärung kann öffentlich oder der Registerbehörde gegenüber vorgenommen werden. Verzichten kann der Eingetragene, der Rechtsnachfolger, nicht dagegen der, dem nur die Ausnutzung des Rechts übertragen ist. Bei mehreren Inhabern müssen alle zusammen verzichten. Beim eingetragenen Muster wird auch der Konkursverwalter den Verzicht aussprechen können. Auf einen Teil des Musterschutzes kann verzichtet werden, wenigstens erscheint das gesetzlich nicht ausgeschlossen (a. M. Robolski S. 19). Ein Widerruf des Verzichts ist ohne Wirkung, da der Schutz durch den Verzicht erlischt.

Bei der öffentlichen Erklärung kann, wenn der Gebrauchsmusterinhaber das Muster nicht löschen ließ, jeder, der daran Interesse hat, im Klageweg verlangen, daß der Inhaber zur Löschung schreite (s. Allfeld, K. zu § 9 PatG.).

§ 9.

Wer wissentlich oder aus grober Fahrlässigkeit den Bestimmungen der §§ 4 und 5 zuwider ein Gebrauchsmuster in Benutzung nimmt, ist dem Verletzten zur Entschädigung verpflichtet.

Die Klagen wegen Verletzung des Schutzrechts verjähren rücksichtlich jeder einzelnen dieselbe begründenden Handlung in drei Jahren.

Über den Inhalt des Gebrauchsmusterrechts ist § 4 des Gesetzes zu vergleichen. Die Folgen der Verletzung sind zivil-

wie strafrechtlicher Natur. Von den zivilrechtlichen Folgen handelt § 9.

Um die Verletzungsklage des § 9 anstrengen zu können, muß ein eingetragenes und schutzfähiges Gebrauchsmuster vorliegen. Die bloße Anmeldung reicht nicht aus zur Geltendmachung des Schadensersatzanspruchs.

Was unter „in Benutzung nehmen“ zu verstehen ist, erhellt aus § 4. Die Benutzung muß widerrechtlich sein. Um als widerrechtlich gelten zu können, muß sie insbesondere auch im Inland erfolgt sein. Einwilligung oder Vorliegen der aus § 4 Abs. 2 u. 3, § 5 Abs. 1 ersichtlichen Umstände hebt das Moment der Widerrechtlichkeit auf.

Eine unerlaubte Nachbildung der Gestaltung kann auch ohne völlige Nachbildung in allen Teilen vorliegen, sobald die abweichende Gestaltung nicht als neu gegenüber der geschützten Gestaltung erscheint. RGZ. Bl. VI, 31.

Das auf einen „Baukörper“ eingetragene Gebrauchsmuster wird nicht verletzt, wenn ein solcher Baukörper nicht als selbständige, transportable Sacheinheit hergestellt und in den Gesamtbau eingestellt wird, sondern mit dem Gesamtbau als sein Bestandteil verknüpft wird. LG. Stuttgart, Bl. XI, 267.

Wissentlich ist die Handlung begangen, wenn sie im Bewußtsein des bestehenden und zwar zu Recht bestehenden fremden und mangelnden eigenen Rechts begangen ist.

Bei der Fahrlässigkeit reicht die sogenannte geringe nicht aus. Grobe Fahrlässigkeit liegt vor, wenn diejenige Sorgfalt außer acht gelassen ist, die bei gleicher Sachlage normalerweise Angehörige der Personenklasse, denen der Verletzer angehört, beachten.

Ob der Mangel der Prüfung über das Bestehen eines Gebrauchsmusters, insbesondere die Nichtbeachtung der öffentlichen Bekanntmachung grobe Fahrlässigkeit begründet, läßt sich nicht ein für allemal in gleicher Weise beantworten. Es kommt auf den einzelnen Fall an. Robolski S. 52 hebt hervor, daß namentlich wesentlich, ob im betr. Zweig der Technik der Gebrauchsmusterschutz viel in Anspruch genommen wird oder nicht.

Wenn der Inhaber eines Gebrauchsmusters einen nur unter diesem Schutz stehenden Gegenstand als „patentiert" bezeichnet, handelt der Verletzer nicht grob fahrlässig, wenn er sich nur in der Richtung vergewissert, daß der Gegenstand nicht patentiert ist, weitere Nachforschungen aber, ob der Gegenstand als Gebrauchsmuster eingetragen, unterläßt. Bl. VIII, 8.

Wissentlichkeit oder grobe Fahrlässigkeit liegt insbesondere auch dann nicht vor, wenn der Nachbildende auf Grund einer von dritter Seite angestrengten, aber noch nicht erledigten Löschungsklage nach verständiger Prüfung die Überzeugung erlangt hat, daß das beanspruchte Schutzrecht nicht bestehe. RGZ. Bl. XI, 146.

Zur Erleichterung des Beweises des Verschuldens dient die vom Patentamt in der Bekanntmachung vom 12. Mai 1893 vorgeschlagene Bezeichnung

Deutsches Reich. Gebrauchsmuster
oder
D. R. G. M. mit Beifügung der Gebrauchsmusterrollennummer.

Eine Bestimmung wie die des § 40 des PatG., wonach die fälschliche Anbringung einer solchen Bezeichnung strafbar ist, kennt das Gebrauchsmusterschutzgesetz nicht.

Die Bezeichnung eines geschützten Gegenstandes mit „G. M." und der Rollennummer genügt nicht zur Annahme der Wissentlichkeit und Nachahmung. Bl. I, 156.

Erben des Täters und Mittäter sind als Gesamtschuldner verpflichtet.

Verletzter ist der Gebrauchsmusterinhaber zur Zeit der rechtsverletzenden Handlung. Anstatt seiner unter Umständen der, dem die ausschließliche Befugnis zur Ausübung des Rechts übertragen wurde. Daß im Falle der Abtretung eines Gebrauchsmusters nur dem eingetragenen Berechtigten die Legitimation zur Klageerhebung zustehe, ist irrig. OLG. Hamburg, Bl. X, 41. Nicht berechtigt ist der Lizenzträger, da ihm das Untersagungsrecht gegen Dritte nicht eingeräumt ist (Robolski S. 52).

Ist ein Gebrauchsmuster für eine Firma eingetragen, deren Inhaber ein Einzelkaufmann ist, so ist es als für die Person eingetragen anzusehen, die befugt ist, die Firma zu führen. RGS. Bl. XV, 213.

Zur Begründung der Verletzungsklage wird erfordert, daß der Kläger die Eintragung des Musters und die Tatsache dartut, daß Beklagter von dieser Eintragung Kenntnis hat, worauf der Beklagte die Behauptung, daß eine wissentliche oder fahrlässige Verletzung vorliegt, zu widerlegen hat (Bl. XI, 148).

Für die richterliche Entscheidung ist § 287 der ZPO. wesentlich, wonach, wenn streitig ist, ob ein Schaden entstanden oder wie hoch er oder ein zu ersetzendes Interesse sich belaufe, hierüber das Gericht unter Würdigung aller Umstände nach freier Überzeugung zu entscheiden hat. Die Anwendung des § 823 BGB. (jede Fahrlässigkeit genügt hier) und ebenso des § 831 ist ausgeschlossen. Bl. XI, 148. RGZ. Bl. XVI, 19. Zu ersetzen ist der positive Schaden wie der entgangene Gewinn.

Was den Gerichtsstand anlangt, so ist außer dem allgemeinen der der Niederlassung (§ 21 der ZPO.), der des Vermögens (§ 23) und der der unerlaubten Handlung (§ 32) in Betracht zu ziehen.

Einstweilige Verfügungen im Entschädigungsrechtsstreit sind denkbar.

Zur Verjährung ist zu bemerken, daß die Bestimmung gemäß Art. 32 des EG.BGB. in Kraft geblieben ist. Es kommt dabei nur auf die Zeit der Begehung der Handlung, nicht die Kenntnis davon an.

Daß außer der Verletzungsklage aus § 9 auch die Abwehr- und Feststellungsklage gegeben ist, sei noch bemerkt.

Zu bemerken ist ferner, daß der Inhaber eines Gebrauchsmusterrechts nicht verpflichtet ist, vor Anstrengung einer Untersagungsklage die sein Recht Verletzenden zu warnen, und daß ihm, wenn er diese Warnung unterlassen und der Verletzende das Recht des Klägers sofort anerkennt, nicht die Prozeßkosten zur Last fallen (Wankelmütigkeit menschlicher Entschlüsse). Bl. VII, 147. Bl. IX, 149.

§ 10.

Wer wissentlich den Bestimmungen der §§ 4 und 5 zuwider ein Gebrauchsmuster in Benutzung nimmt, wird mit Geldstrafe bis zu fünftausend Mark oder mit Gefängnis bis zu einem Jahre bestraft.

Die Strafverfolgung tritt nur auf Antrag ein. Die Zurücknahme des Antrags ist zulässig.

Wird auf Strafe erkannt, so ist zugleich dem Verletzten die Befugnis zuzusprechen, die Verurteilung auf Kosten des Verurteilten öffentlich bekanntzumachen. Die Art der Bekanntmachung sowie die Frist zu derselben ist im Urteil zu bestimmen.

Die Verletzung wird zur strafbaren Handlung nur, wenn sie wissentlich erfolgt. Auch hier muß es sich um ein eingetragenes und schutzfähiges Gebrauchsmuster handeln, auch hier um die Nachbildung des Gebrauchsmusters als solchem (Bl. XI, 267), und zwar, soweit es als neu angemeldet und eingetragen ist (LG. I, Berlin Bl. I, 205). Auch hier genügt nicht schon die bloße Anmeldung. Insoweit das Gebrauchsmuster in die Rolle nicht eingetragen ist, ist seine Nachbildung nicht strafbar (Bl. I, 205).

Was die Löschung anlangt, so besteht im Fall des § 6 Abs. 1 das Gebrauchsmuster bis zur Löschung trotz der Eintragung rechtlich gar nicht, in diesem Fall also dem Strafrichter das Recht zuzusprechen, die Frage der Schutzfähigkeit anders als der Löschungsrichter zu entscheiden (so Allfeld, K. zu § 10), erscheint unbegründet.

Über „wissentlich . . . in Benutzung nimmt" vgl. die Bemerkungen zu § 9.

Ob der Täter den ihm bekannten Musterschutz irrig als Geschmacksmusterschutz betrachtet, ist belanglos. Bl. XII, 283. Vgl. auch Bl. I, 156 bei § 9. Gebrauchsmusterverletzung trotz einer beabsichtigten Abweichung. Unerheblich, ob diese eine Verbesserung enthält. Bl. I, 192.

Die gutachtliche Erklärung eines Patentanwalts, daß die Herstellung eines Gegenstandes ein für einen anderen bestehendes Schutzrecht nicht verletze, beweist nicht ohne weiteres den guten Glauben des Herstellers, wenn objektiv eine Rechtsverletzung vorliegt. RGS. Bl. IV, 121.

Unter „Benutzen" ist die allgemeine Zusammenfassung der in § 4 dem Geschützten ausschließlich zustehenden Handlungen zu verstehen. Auch die Nachbildung ist nur möglich durch die Benutzung des Musters als Vorbild. RGS. 35, 401.

Daß ein Schade entstanden ist, gehört nicht zur Voraussetzung der Bestrafung. Tatsachenirrtum (so über das Fortbestehen eines Gebrauchsmusters) schließt jene aus, nicht dagegen der Rechtsirrtum (so über den Begriff „benutzen"). Sogenannter dolus eventualis genügt, doch stellt sich das Unterlassen, sich über die Möglichkeit einer Übereinstimmung zweier Muster zu vergewissern, nur als Fahrlässigkeit, nicht als dolus eventualis dar. Dazu ist nötig, daß ein Beschuldigter nicht nur mit der Möglichkeit eines Eingriffs in fremde Rechte rechnet, sondern diesen Eingriff auch in seinen Willen aufnimmt und ihn, wenn auch nicht direkt, so doch für den von ihm als möglich unterstellten und vorausgesetzten Fall des Eintritts will. RGS. Bl. XI, 293.

Bestraft wird nur die vollendete Tat, der Versuch ist nicht strafbar (§ 43 Abs. 2 des StGB.), ebensowenig Vorbereitungen, die also während der Schutzdauer zwecks Gebrauchs des Musters nach Fristablauf vorgenommen werden können.

Eine Verwendung in den Grenzen des eigenen Haushalts, also im Privatinteresse, ist nicht strafbar. RGS. 25, 90.

Das Feilhalten einzelner, nicht selbst geschützter Teile ist nur dann strafbar, wenn der Verkäufer weiß, daß die verkauften Teile zur gewerbsmäßigen Herstellung der Kombination usw. verwandt werden sollen. RGS. 26, 382.

Außer Bestrafung des Täters ist auch solche der Mittäter, des Anstifters, des Gehilfen möglich.

Über die Verwandlung der Geldstrafe in Freiheitsstrafe sind die §§ 28, 29 BGB. zu vergleichen.

Über die Frist zur Stellung des Antrags (drei Monate nach Kenntnis von der Handlung und der Person des Täters), die Wirkung des Antrags gegen mehrere Beteiligte, die Stellungsbefugnis bei Unmündigkeit des Verletzten sind §§ 61 ff. StGB. zu vergleichen. Vgl. auch § 13 Abs. 2 über die Stellung des Strafantrags seitens des Vertreters eines Ausländers.

Die Zurücknahme des Antrags ist zulässig.

Strafantragsberechtigt ist nicht der Lizenznehmer (LG. Bautzen, Bl. X, 174. Vgl. dort auch über die verschiedenen Ansichten zu dieser bestrittenen Frage).

Die Publikationsbefugnis ist (ohne Antrag) nur auszusprechen, wenn auf Strafe erkannt wird, dann aber auch obligatorisch. Gemäß § 10 des Preßgesetzes hat die Strafvollstreckungsbehörde die Aufnahme in öffentliche Blätter zu erzwingen. Sie ist nur dem Verletzten, nicht dem Freigesprochenen zuzusprechen. Daß sie der Strafnatur ermangelt, geht schon aus dem Gesetzeswortlaut (Gegenüberstellung zur Strafe) hervor. Trotz des erfolgten Ausspruchs kann der Verletzte auf die Bekanntgabe verzichten; es wird ihm namentlich dann daran liegen, wenn er durch Reklame usw. sein Gebrauchsmuster auch öffentlich geschädigt sieht.

Über die Einziehung ist § 40, die Verjährung § 67 StGB. zu vergleichen, wonach die Verjährungsfrist fünf Jahre beträgt. Erfährt also ein Gebrauchsmusterinhaber erst nach Ablauf von fünf Jahren von der Verletzung, so kann Strafantrag nicht mehr gestellt werden.

Zuständig sind die Strafkammern, unter Umständen bei Begehung durch die Presse in Bayern, Württemberg und Baden das Schwurgericht. Eine Überweisung an die Schöffengerichte findet nicht statt.

Über das Fehlen einer Bestimmung wie die des § 40 PatG. vgl. bei § 9. Doch ist möglich, daß die Bezeichnung ungeschützter Gegenstände als geschützt als unlauterer Wettbewerb geahndet wird. (Robolski, S. 56; Osterrieth, Lehrbuch S. 202.) A. M. Seligsohn S. 488.

§ 11.

Statt jeder aus diesem Gesetze entspringenden Entschädigung kann auf Verlangen des Beschädigten neben der Strafe auf eine an ihn zu erlegende Buße bis zum Betrage von zehntausend Mark erkannt werden. Für diese Buße haften die zu derselben Verurteilten als Gesamtschuldner.

Eine erkannte Buße schließt die Geltendmachung eines weiteren Entschädigungsanspruchs aus.

Die Buße ist auf dem Gebiete des Urheberrechts . . . nicht eine Strafe, sondern eine in besonderer Form gewährte zivilrechtliche Entschädigung . . . Sie soll dem Geschädigten nicht nur Ersatz bieten für den ihm zugefügten Vermögensschaden, sondern zugleich auch Genugtuung für die Verletzung seiner Persönlichkeitssphäre, die er durch den widerrechtlichen Eingriff in sein Urheberrecht erlitten hat. Man denke an Entwertung des Gebrauchsmusters durch Schleuderpreise usw. Schon daraus ergibt sich, daß innerhalb des vom Gesetze vorgeschriebenen Höchstbetrags dem Richter volle Freiheit in der Bemessung ihrer Höhe zusteht, denn der ideelle Schaden ist als Imponderabilie rechnerisch niemals nachweisbar. Ferner ergibt sich daraus, daß dem Verletzten eine Buße zugesprochen werden kann, auch wenn er einen Vermögensschaden überhaupt nicht erlitten hat" (Riezler S. 133; RGS. 1 329, 6, 399).

Auf Verlangen des Beschädigten. Der Beschädigte muß sich zu diesem Behufe der öffentlichen Klage als Nebenkläger anschließen (StPO. § 443), der Antrag auf Strafverfolgung (§ 10) enthält also nicht etwa ohne weiteres jenes Verlangen. Jenes Verlangen „ist ein öffentlich-rechtlicher, gegen den Staat gerichteter Rechtsschutzanspruch. Der Anspruch auf Zahlung der Buße dagegen ist ein privatrechtlicher Anspruch im Sinne des § 194 BGB., der sich gegen den Verletzer richtet; er besteht als ein gegenwärtiger Anspruch erst mit der Rechtskraft des strafgerichtlichen Urteils, welches die Zuerkennung ausspricht" (Riezler S. 133).

Auf Buße kann erkannt werden. Besser hieße es „muß". Es steht nämlich an sich nicht im Belieben des Richters, ob er auf Buße erkennen will oder nicht. Sind die Voraussetzungen gegeben, so hat er dem Anspruch zu entsprechen, es müßte denn jeder Anhalt fehlen. RGS. 6, 399. Der Grundsatz der freien Beweiswürdigung und der freien Schadensschätzung (ZPO. §§ 286, 287) gilt auch hier.

Die Vollstreckung der auf Zahlung einer Buße ergehenden Entscheidung erfolgt im Wege des zivilprozessualen Zwangsvollstreckungsverfahrens.

Neben der Strafe kann nur auf Buße erkannt werden, also nur wegen wissentlicher Gebrauchsmusterschutzverletzung und nur im Strafverfahren. Wird der Angeklagte freigesprochen so fällt damit der Antrag auf Buße.

Der Höchstbetrag beträgt 10000 M. In Form einer Rente kann auf die Buße nicht erkannt werden. RGS. 17, 178.

Bilden mehrere das Musterrecht verletzende Handlungen ein fortgesetztes Delikt, so kann auf die Buße nur einmal erkannt werden.

Bilden sie mehrere selbständige Handlungen, sei es, daß dasselbe Gebrauchsmuster mehrfach selbständig oder mehrere

Gebrauchsmuster selbständig verletzt wurden, so ist mehrfache Zuerkennung möglich.

Sind mehrere Beschädigte vorhanden, so kann die Buße mehrfach zuerkannt werden. Bei mehrfacher Zuerkennung kann der Betrag von 10000 M. überschritten werden. Wissentliche gemeinschaftliche Begehung einer Musterschutzverletzung seitens mehrerer schafft die im Gesetz erwähnte Haftung als Gesamtschuldner (§ 421 BGB.). Bei einer Mehrheit selbständiger Verletzungen ist Gesamtbuße unter Solidarhaft ausgeschlossen. RGS. 5, 292; 33, 14. Auch kann nur gegen einen oder einige auf Buße erkannt werden, wenn z. B. der Bußantrag nicht gegen alle gerichtet ist.

Verhältnis der Buße zum Entschädigungsanspruch:

Die erkannte Buße schließt die Geltendmachung eines weiteren Entschädigungsanspruchs aus, also auch in dem Fall, wenn sie den entstandenen Schaden nicht deckt oder (wegen Beschränkung in der Höhe) nicht decken kann. Dagegen läßt die Zuerkennung oder Zahlung einer (zivilrechtlichen) Entschädigung eine weitergehende Buße zu.

Ferner kann im Fall der Abweisung des Bußantrags noch Entschädigungsklage, im Fall der Abweisung der letzteren noch Buße verlangt werden. Buße kann nach der herrschenden Meinung auch dann noch begehrt werden, wenn der Entschädigungsanspruch verjährt ist.

„Die auf Verurteilung zur Erlangung einer Buße gerichteten Schritte unterbrechen nicht die Verjährung des Schadensersatzanspruchs" (Riezler S. 136). RGZ. 16, 16.

Die Buße ist nicht Strafe, kann also auch nicht im Gnadenweg erlassen werden.

§ 12.

In bürgerlichen Rechtsstreitigkeiten, in welchen durch Klage oder Widerklage ein Anspruch auf Grund der Bestimmungen dieses Gesetzes geltend gemacht ist, wird

die Verhandlung und Entscheidung letzter Instanz im Sinne des § 8 des Einführungsgesetzes zum Gerichtsverfassungsgesetze dem Reichsgericht zugewiesen.

Nach § 8 EG.GVG. kann durch die Gesetzgebung eines Bundesstaates, in dem mehrere Oberlandesgerichte errichtet worden sind, die Verhandlung und Entscheidung der zur Zuständigkeit des Reichsgerichts gehörigen Revisionen und Beschwerden und bürgerlichen Rechtsstreitigkeiten einem obersten Landesgericht zugewiesen werden. Das ist nicht statthaft bezüglich der bürgerlichen Rechtsstreitigkeiten, die durch besondere Reichsgesetze dem Reichsgericht zugewiesen sind.

Die Zuständigkeit des (nur in Bayern bestehenden) obersten Landgerichts erstreckt sich also nicht auf Gebrauchsmusterstreitigkeiten.

Ein Anspruch auf Grund der Bestimmungen des Gebrauchsmusterschutzgesetzes wird dann geltend gemacht, wenn er ganz oder teilweise auf Bestimmungen des Gesetzes gestützt wird. Die Abgrenzung der hierher gehörigen Ansprüche erübrigt sich aber, nachdem Art. 6 EG.BGB. die Vorschrift des § 38 auch auf die Ansprüche auf Grund des BGB. ausgedehnt hat (Seligsohn S. 419).

§ 13.

Wer im Inlande einen Wohnsitz oder eine Niederlassung nicht hat, kann nur dann den Anspruch auf den Schutz dieses Gesetzes geltend machen, wenn in dem Staate, in welchem sein Wohnsitz oder seine Niederlassung sich befindet, nach einer im Reichs-Gesetzblatt enthaltenen Bekanntmachung deutsche Gebrauchsmuster einen Schutz genießen.

Wer auf Grund dieser Bestimmung eine Anmeldung bewirkt, muß gleichzeitig einen im Inlande wohnhaften Vertreter bestellen. Name und Wohnsitz des Vertreters werden in die Rolle eingetragen. Der eingetragene

Vertreter ist zur Vertretung des Schutzberechtigten in den das Gebrauchsmuster betreffenden Rechtsstreitigkeiten und zur Stellung von Strafanträgen befugt. Der Ort, wo der Vertreter seinen Wohnsitz hat, und in Ermangelung eines solchen der Ort, wo das Patentamt seinen Sitz hat, gilt im Sinne des § 24 der Zivilprozeßordnung als der Ort, wo der Vermögensgegenstand sich befindet.

Im Gegensatz zum Patentrecht ist der Schutz am Gebrauchsmuster nur auf den Inländer beschränkt. Wer im Inland weder Wohnsitz noch Niederlassung hat, kann den Gebrauchsmusterschutz im Deutschen Reich nur unter besonderen Voraussetzungen erlangen.

Maßgebend für den Gebrauchsmusterschutz ist also nicht die Staatsangehörigkeit, sondern die Tatsache des Wohnsitzes oder der Niederlassung im Inland. Wer keins von beiden hat, kann also, selbst wenn er Deutscher von Staatsangehörigkeit ist, den deutschen Gebrauchsmusterschutz nur erlangen, wenn dem Staate seines Wohnsitzes oder seiner Niederlassung die Gegenseitigkeit verbürgt und ein im Inland wohnender Vertreter bestellt ist. Den Nachweis eines im Auslandstaat erlangten Schutzes, wie ihn § 23 des Gesetzes zum Schutze der Warenbezeichnungen fordert, kennt das Gebrauchsmusterschutzgesetz nicht.

Über den Begriff Inland besagt das Staatsrecht Näheres. Dazu gehören das Gebiet des Deutschen Reiches, die Küstengewässer, deutsche Kriegs- und Staatsschiffe, Handelsschiffe auf hoher See, nicht dagegen Konsulargerichtsbezirke.

Über den Wohnsitz vgl. §§ 7—11 BGB. und Art. 35 EG.BGB.

Was die Niederlassung anlangt, so genügt jede Zweigniederlassung. Wird aber der Schutz begehrt unter Bezug auf die Niederlassung im Auslandsstaat, so wird man eine Hauptniederlassung dort fordern müssen (vgl. „seine"). Allfeld A. zu § 13.

Die Entscheidung, ob Ausländern, die im Inland Wohnsitz oder Niederlassung nicht haben, der Schutz zuteil wird, steht den Gerichten zu. Das Patentamt verfügt die Eintragung, wenn der Vertreter bestellt und die ordnungsgemäße Anmeldung eingegangen ist. (Vgl. zu § 6: Mangel der Löschungsbefugnis. Robolski S. 60. Seligsohn S. 461. A. M. Allfeld.)

Mangelt es an den Voraussetzungen des Abs. 1, so ist die Eintragung ohne Wirkung. Sie wird wirksam, wenn nachträglich die Voraussetzungen (Wohnsitz im Inland u. dgl.) gegeben werden; sie wird unwirksam, wenn diese wegfallen. So Robolski S. 64.

Für die Schutzfrage ist wesentlich, ob es sich um das Gebiet der Unionsstaaten handelt oder nicht. Für jene ist, wie aus Bl. IX, 285 hervorgeht, für den Schutz eine Bekanntmachung über Gegenseitigkeit nicht nötig, auch ist für Unionsangehörige Wohnsitz oder Niederlassung im Deutschen Reich nicht Voraussetzung.

Für die Staaten, die nicht der Union angehören, bedarf es einer Bekanntmachung, daß deutsche Gebrauchsmuster daselbst Schutz genießen. Eine solche Bekanntmachung ist bisher nicht erfolgt.

Nach der Union ist wichtig, daß, wer in einem Verbandsstaate ein Gebrauchsmuster vorschriftsmäßig angemeldet und hinterlegt hat, in jedem anderen Verbandsstaat zwecks Anmeldung und Hinterlegung während der Frist von vier Monaten in bezug auf das nämliche Gebrauchsmuster ein Prioritätsrecht genießt. A. meldet in Belgien am 28. Januar 1911 und im Deutschen Reiche am 28. Februar 1911 ein Gebrauchsmuster an und kann danach die Benutzung des ähnlichen angemeldeten Gebrauchsmusters dem B. versagen, der die Anmeldung in Deutschland am 15. Februar bewirkte. Weiter kommt in Betracht, daß Beschreibungen in öffentlichen Druckschriften oder offenkundige Benutzung der Neuheit nicht schadet, wenn sie geschehen zwischen dem Tage der Anmeldung in einem Verbandsstaat und dem Tage der binnen vier Monaten nach der ersten Anmeldung erfolgten Anmeldung im Inland.

Ähnliches gilt für die Länder der Sondervertragsabkommen. Das abgeleitete Prioritätsrecht darf stets nur auf die erste, den nämlichen Erfindungsgegenstand betreffende Anmeldung in einem der Vertragsstaaten geschützt werden. Ob die erste Anmeldung ein Patent oder ein Gebrauchsmusterrecht zum Gegenstande hat, ist gleichgültig. Bl. XIV, 180.

Muß bestellen heißt, daß, wenn ein Vertreter nicht bestellt ist, der Anspruch auf den Schutz des Gesetzes nicht geltendgemacht werden kann, die Anmeldung ohne Bezeichnung eines Vertreters zurückzuweisen ist. Im übrigen vgl. über den Vertreter §§ 28, 22 der VO. vom 11. Juli 1891. Erlischt die Vollmacht des Vertreters, ohne daß ein neuer bestellt wird, so ist das Erlöschen in der Rolle bekanntzumachen. Anders als in § 23 des Gesetzes zum Schutze der Warenbezeichnungen ist die Befugnis des Vertreters keine ausschließliche. Es heißt hier nicht „nur", wie im genannten Gesetze.

§ 14.

Die zur Ausführung dieses Gesetzes erforderlichen Bestimmungen über die Einrichtung und den Geschäftsgang des Patentamts werden durch Kaiserliche Verordnung unter Zustimmung des Bundesrats getroffen.

Siehe die Verordnungen vom 11. Juni 1891 und 30. Juni 1894.

§ 15.

Dieses Gesetz tritt mit dem 1. Oktober 1891 in Kraft.

Urkundlich unter Unserer Höchsteigenhändigen Unterschrift und beigedrucktem Kaiserlichen Insiegel.

Gegeben an Bord Meines Aviso „Greif", den 1. Juni 1891.

(L. S.) Wilhelm.

von Boetticher.

Verordnung zur Ausführung des Patentgesetzes vom 7. April 1891 und des Gesetzes, betreffend den Schutz von Gebrauchsmustern, vom 1. Juni 1891.

Vom 11. Juli 1891 (RGBl. S. 349).

Wir Wilhelm rc. verordnen auf Grund der Bestimmungen im § 17 des Patentgesetzes vom 7. April 1891 (Reichs-Gesetzbl. S. 79) und im § 14 des Gesetzes, betreffend den Schutz von Gebrauchsmustern, vom 1. Juni 1891 (Reichs-Gesetzbl. S. 290) im Namen des Reichs, nach erfolgter Zustimmung des Bundesrats, was folgt:

I. Patentangelegenheiten.

II. Angelegenheiten des Gebrauchsmusterschutzes.

§ 19.

Für Anträge in Sachen des Schutzes von Gebrauchsmustern wird in dem Patentamt eine besondere Anmeldestelle errichtet.

Die Leitung dieser Stelle liegt einem von dem Reichskanzler bezeichneten rechtskundigen Mitgliede ob.

Im Falle einer Verhinderung dieses Mitgliedes kann der Präsident einem anderen rechtskundigen Mitgliede die Vertretung übertragen.

§ 20.

Die Verfügungen der Anmeldestelle erhalten die Unterschrift:

Kaiserliches Patentamt,
Anmeldestelle für Gebrauchsmuster.

§ 21.

Über Vorstellungen gegen die Verfügung der Anmeldestelle befindet der Präsident.

§ 22.

Änderungen in der Person des Eingetragenen oder des nach § 13 Absatz 2 des Gesetzes vom 1. Juni 1891 bestellten Vertreters, welche in der Rolle vermerkt werden sollen, sind in beweisender Form zur Kenntnis des Patentamts zu bringen.

Wegen „beweisender Form" vgl. das Reichsgesetz vom 1. Mai 1878.

§ 23.

Nach der Eintragung in der Rolle erhält der Eingetragene eine Ausfertigung des Eintragungsvermerks.

Dazu vgl. Bl. VII, 194. Unzulässigkeit der Benutzung dieser amtlichen Urkunden zu Reklamezwecken (Firmenstempel der inländischen und ausländischen Vertreter).

§ 24.

Der Präsident verfügt über Modelle, deren Rückgabe nicht binnen vier Jahren nach Ablauf der Schutzfrist beantragt wird.

Vgl. I, 155 über Unstatthaftigkeit der Anträge auf Rückgabe während dieser vier Jahre.

III. Gemeinschaftliche Bestimmungen.

§ 25.

Die Einrichtung der Bureaus, die Verwaltung der Kasse, der Bibliothek und der Sammlungen werden durch den Präsidenten geordnet. Der Präsident erläßt die erforderlichen Geschäftsanweisungen.

§ 26.

Die Leitung und Beaufsichtigung des gesamten Geschäftsbetriebes steht dem Präsidenten zu. Er verfügt in allen Verwaltungsangelegenheiten.

§ 27.

Sämtliche eingehende Geschäftssachen werden, ohne Rücksicht auf ihren verschiedenen Inhalt, nach der Zeit ihres Eingangs mit einer laufenden Nummer, als Geschäftsnummer, und mit dem Datum bezeichnet.

Geschäftssachen, welche während der Dienststunden eingehen, sind alsbald, andere Geschäftssachen bei dem Wiederbeginn der Dienststunden von dem dazu bestimmten Beamten hiernach zu bezeichnen. Wenn die Reihe des Eingangs nicht feststeht, so sind sie nach der Reihe, in welcher sie von dem Beamten übernommen werden, mit der Bezeichnung zu versehen.

Von zwei an demselben Tage an das Patentamt gelangten Geschäftssachen gilt diejenige als später eingegangen, welche die höhere Geschäftsnummer trägt.

§ 28.

Vertreter in Patentangelegenheiten und in Angelegenheiten des Gebrauchsmusterschutzes haben dem

Patentamt gegenüber ihre Bevollmächtigung durch eine Vollmacht nachzuweisen.

Die Vollmachten müssen auf prozeßfähige, mit ihrem bürgerlichen Namen bezeichnete Personen lauten.

Sind mehrere Personen bevollmächtigt, so gelten dieselben für befugt, sowohl gemeinschaftlich als auch einzeln die Vertretung wahrzunehmen. Eine abweichende Bestimmung dürfen die Vollmachten nicht enthalten.

§ 29.

Das Patentamt kann nach seinem Ermessen von den bei ihm beruhenden Eingaben und Verhandlungen, soweit die Einsicht in dieselben gesetzlich nicht beschränkt ist, an jedermann Abschriften und Auszüge gegen Einzahlung der Kosten erteilen.

§ 30.

Das Siegel des Patentamts enthält in der Mitte den Reichsadler und in der Umschrift die Worte „Kaiserliches Patentamt".

Urkundlich usw.

Verordnung zur Ausführung des Gesetzes zum Schutz der Warenbezeichnungen vom 12. Mai 1894 und des Gesetzes betr. den Schutz von Gebrauchsmustern vom 1. Juni 1891.

Vom 30. Juni 1894 (RGBl. S. 495).

Wir Wilhelm ꝛc. verordnen auf Grund der Bestimmung im § 25 des Gesetzes zum Schutz der Warenbezeichnungen vom 12. Mai 1894 (Reichs-Gesetzbl.

S. 441) und auf Grund der Bestimmung im § 14 des Gesetzes, betr. den Schutz von Gebrauchsmustern, vom 1. Juni 1891 (Reichs-Gesetzbl. S. 290) im Namen des Reichs, nach erfolgter Zustimmung des Bundesrats, was folgt:

I. Warenzeichen.

II. Gebrauchsmuster.

§ 9.

Insoweit in Angelegenheiten des Schutzes von Gebrauchsmustern das Patentamt zur Erstattung von Gutachten ermächtigt wird, sind hierfür die Beschwerdeabteilungen, und zwar jede innerhalb derjenigen Zweige der Technik zuständig, welche ihr hinsichtlich der Patentangelegenheiten gemäß §§ 1 und 2 der Kaiserlichen Verordnung vom 11. Juli 1891 zugewiesen sind.

Urkundlich usw.

Hierüber vgl. noch **Gesetz, betr. die Beschäftigung von Hilfsmitgliedern** im Kais. Patentamte vom 18. Mai 1908 (Reichs-Gesetzbl. S. 211), dessen einziger Paragraph lautet:

Bis zum 31. März 1911 können im Falle des Bedürfnisses vom Reichskanzler Personen, welche die Befähigung zum Richteramt oder zum höheren Verwaltungsdienste besitzen oder in einem Zweige der Technik sachverständig sind, mit den Verrichtungen eines Mitglieds des Patentamts beauftragt werden. Der Auftrag kann auf eine bestimmte Zeit oder für die Dauer des Bedürfnisses erteilt werden und ist vor Ablauf der Zeit oder der Erledigung des Bedürfnisses nicht widerruflich.

Im übrigen finden die für Mitglieder geltenden Vorschriften des Patentgesetzes auch auf die Hilfsmitglieder Anwendung.

Bestimmungen über die Anmeldung von Gebrauchsmustern.

Auf Grund des § 2 Abs. 4 des Gesetzes, betr. den Schutz von Gebrauchsmustern, vom 1. Juni 1891 (Reichs-Gesetzbl. S. 290) werden die nachfolgenden Bestimmungen über die Erfordernisse einer Gebrauchsmusteranmeldung erlassen. Die Bestimmungen treten am 1. Januar 1899 in Kraft.

§ 1.

Die Anmeldung eines Modells behufs Eintragung in die Rolle für Gebrauchsmuster geschieht in der Form eines schriftlichen Gesuchs, dem die sonst erforderlichen Stücke als Anlagen beizufügen sind.

Für jedes Modell ist eine besondere Anmeldung erforderlich.

Eine vornehmlich im fiskalischen Interesse gegebene Bestimmung: LG. Dresden, Bl. XVI, 238.

Über die Einheitlichkeit des Modells sind folgende Grundsätze in Anwendung:

Daß die neue Gestaltung, Anordnung oder Vorrichtung in einer einzelnen technischen Eigentümlichkeit bestehe, wird nicht erfordert. Vielfach liegt das Schutzfähige gerade nur in der zweckmäßigen Zusammenstellung mehrerer Eigentümlichkeiten, die in einer technisch notwendigen Beziehung zu einander nicht stehen. Deshalb wird die Einheitlichkeit des Modells dadurch nicht beeinträchtigt, daß in der Anmeldung eine Reihe von

Merkmalen aufgezählt wird, für deren Vereinigung eine selbständige Wirkung nicht angegeben ist. Insoweit unterscheidet sich die Einheitlichkeit des Modells von der Einheitlichkeit einer patentfähigen Erfindung. Dies entspricht dem Fortfall der Prüfung von Gebrauchsmustern auf ihre Neuheit hin. Bei dieser kann das Patentamt eine Feststellung dahin, daß die einzelnen Merkmale schutzfähig seien, nicht treffen und würde deshalb für den Fall, daß die Schutzfähigkeit lediglich durch die Gesamtgestaltung begründet wird, mit der Forderung der Trennung eine gänzliche Schutzlosigkeit herbeiführen.

Die Einheitlichkeit des Gebrauchsmusters ist sonach nicht sowohl eine Einheitlichkeit der beanspruchten Neuerung, sondern eine Einheitlichkeit des angemeldeten Gegenstands. Werden der Anmeldung mehrere voneinander verschiedene Nach- oder Abbildungen beigefügt, so liegen in der Regel ebensoviele Gebrauchsmuster vor. Das Patentamt ist nicht befugt, zu prüfen, ob das diesen Merkmalen gemeinsame Merkmal und nicht vielmehr bloß die einzelnen Ausgestaltungen schutzfähig sind. Eine Ausnahme machen Gegenstände, die zueinander gehören, wie Haken und Ösen, Messer und Gabel (Präs.-Besch. vom 26. Juli 1900, Bl. VI, 313), ferner Gegenstände, die mit geringfügigen Abweichungen mehreren Verwendungszwecken dienen, wie Zigarren- und Zigarettenspitzen, endlich Gegenstände, deren Zusammenstellung man als Garnitur oder Kollektion bezeichnen kann, wie Halsketten, Broschen, Ohrgehänge, Armbänder.

Wird nur ein Modell in Nach- oder Abbildung vorgelegt, so kann die Anmeldung gleichwohl eine Mehrheit von Modellen enthalten, wenn im Schutzanspruch mehrere Merkmale nicht neben-, sondern statt einander aufgeführt sind. Eine solche alternative Angabe wird in der Regel im Sinne einer Mehrheit von Modellen verstanden und eine Ausscheidung des betreffenden Merkmals aus dem Schutzanspruch verlangt, allein es kommt nicht selten vor, daß die wesentliche Eigentümlichkeit des eingereichten Modells dadurch besonders herausgehoben werden soll, daß die übrigen Merkmale als durch andere ersetzbar und somit als unwesentlich hingestellt werden. Kommt diese Meinung zu deutlichem Ausdruck, so wird Einheitlichkeit des Modells angenommen.

Die Prüfung der Anmeldestelle bezüglich der Einheit des angemeldeten Musters erstreckt sich lediglich auf die äußere Einheit des vorgelegten Modells. Dabei können getrennte oder doch nur in der Verbindung zum Gebrauch bestimmte Muster wie Haken und Ösen als einheitlich angesehen werden. Im übrigen gehört die Prüfung der Einheitlichkeit der Muster vor die ordentlichen Gerichte. Da diese durch den Inhalt der sogenannten Schutzansprüche nicht gebunden erscheinen, so ist eine Einwirkung auf deren Fassung zu vermeiden. Präs.-Besch. vom 25. Februar 1902 (Bl. VIII, 119).

Der Fall, daß das Vorliegen einer Zeichnung stets Einheitlichkeit schaffe, ist nicht gegeben, wenn in der Zeichnung verschiedene Ausführungsformen zur Darstellung gebracht sind. Präs.-Besch. vom 18. August 1905 (Bl. XI, 266).

Einheitlichkeit trotz Mangels eines einheitlich gefaßten Schutzanspruchs. Präs.-Besch. vom 26. Juli 1900. Bl. VI, 313.

Einzahl des Modells ausgeschlossen bei zwei Ausführungsformen einer „Vorrichtung für Gasglühlichtbrenner und dergleichen mit Luftzuführung durch den Zylinder zwecks Vorwärmung". Wahlweise zu verwendende Konstruktionen gelten nicht als einheitliches Modell. Präs.-Besch. vom 13. Mai 1902 (Bl. VIII, 161). Vgl. auch Präs.-Besch. vom 5. Dezember 1903 (Bl. IX, 302).

Über die Prüfung auf Einheit vgl. Osterrieth, Lehrbuch S. 187.

§ 2.

Das Gesuch muß enthalten:

a) die Angabe des Namens und des Wohnorts oder der Hauptniederlassung des Anmelders;

Anm.: Vgl. Bekanntmachung Nr. 2 f.

b) eine für die Eintragung und Veröffentlichung geeignete Bezeichnung;

Abgeändert wie wiedergegeben unterm 3. Februar 1904. Bl. X, 39.

c) die Angabe, welche neue Gestaltung oder Vorrichtung dem Arbeits- oder Gebrauchszweck dienen soll;

d) den Antrag, daß das Modell in die Rolle für Gebrauchsmuster eingetragen werde;

e) die Erklärung, daß die gesetzliche Gebühr von 15 Mark an die Kasse des Kaiserlichen Patentamts gezahlt worden sei oder gleichzeitig mit der Anmeldung gezahlt werde;

f) die Aufführung der Anlagen unter Angabe ihrer Nummer und ihres Inhalts;

g) falls der Anmelder einen Vertreter bestellt hat, die Angabe der Person, der Berufsstellung und des Wohnorts des Vertreters; als Anlage ist eine Vollmacht beizufügen (§ 28 der Kaiserlichen Verordnung vom 11. Juli 1891);

h) die Unterschrift des Anmelders oder seines Vertreters.

Empfangsbescheinigungen über eingegangene Anmeldungen werden erteilt — ohne Angabe des Aktenzeichens. Bl. I, 103, 161.

§ 3.

Erachtet der Anmelder eine Beschreibung des Modells für erforderlich, so ist sie entweder in das Gesuch aufzunehmen oder als Anlage beizufügen.

§ 4.

Dem Gesuch ist eine Abbildung oder eine Nachbildung des Modells beizufügen.

a) Die Abbildung ist in zwei Ausfertigungen einzureichen.

Für die Abbildung ist weißes, starkes und glattes Zeichenpapier, sogenanntes Kartonpapier, oder Zeichenleinwand zu verwenden. Das Blatt der Abbildung auf Kartonpapier muß 33 cm hoch und 21 cm breit sein. Das Blatt der Abbildung auf Zeichenleinwand muß bei beliebiger Breite 33 cm hoch sein.

Die Figuren und Schriftzeichen sind in tiefschwarzen, kräftigen, scharf begrenzten Linien auszuführen.

b) Die Nachbildung braucht nur in einer Ausführung eingereicht zu werden.

Sie muß sauber und dauerhaft sein und darf in Höhe, Breite und Tiefe 50 cm nicht überschreiten.

Nachbildungen, die leicht beschädigt werden können, sind in festen Hüllen einzureichen. Gegenstände von kleinerem Umfange sind auf steifem Papier zu befestigen.

Anm.: Vgl. Bekanntmachung Nr. 5.

§ 5.

Die Anlagen des Gesuchs müssen mit einer ihre Zugehörigkeit zur Anmeldung kennzeichnenden Aufschrift versehen sein. Dasselbe gilt für die Nachbildungen.

Zu allen Schriftstücken ist dauerhaftes, nicht durchscheinendes, weißes Papier, zu Schriftstücken, die Anträge enthalten oder die Anmeldung selbst betreffen, Papier in der Seitengröße von 33 cm zu 21 cm zu verwenden.

Alle Schriftstücke müssen leicht lesbar sein. Die Schriftzüge müssen in dunkler Farbe ausgeführt sein. Schriftstücke, die mittelst der Schreibmaschine hergestellt sind, müssen deutliche Druckzeichen und zwischen den einzelnen Buchstaben, Worten und Zeilen einen angemessenen Zwischenraum aufweisen.

§ 6.

Die die Anmeldung bildenden Schriftstücke müssen in doppelter Ausfertigung eingereicht werden. Auf den nachträglich eingereichten Anmeldestücken ist der Name des Anmelders und das Aktenzeichen anzugeben.

Berlin, den 22. November 1898.

Kaiserliches Patentamt.
von Huber.

Bekanntmachung.

Durch Bekanntmachung vom heutigen Tage hat das Kaiserliche Patentamt auf Grund des § 2 Abs. 4 des Gesetzes, betr. den Schutz von Gebrauchsmustern, vom 1. Juni 1891 neue Bestimmungen über die Anmeldung von Gebrauchsmustern erlassen. Im Anschluß an diese Bestimmungen werden die nachstehenden Erläuterungen bekanntgegeben, die den Be- Beteiligten einen weiteren Anhalt für die Anfertigung und Einreichung einer Gebrauchsmusteranmeldung darbieten sollen (ohne daß ihnen bindende Kraft beigemessen werden kann. Präs.-Besch. vom 11. Juli 1902. Bl. VIII, 210).

1. Gebühr.

Die Anmeldegebühr ist zweckmäßig entweder unmittelbar bei der Kasse des Kaiserlichen Patentamts (Berlin, jetzt SW 61, Gitschiner Str. 97 ff.) einzuzahlen oder unter genauer Angabe der Anmeldung, für die das Geld bestimmt ist, durch Postanweisung zu übersenden. Die Beifügung baren Geldes als Anlage der Anmeldung ist nicht erwünscht. Wird das Geld gleichwohl beigefügt, so ist darüber in dem Gesuch ein deutlicher Vermerk in Rotschrift zu machen. Enthält eine Sendung das Geld für mehrere Anmeldungen, so ist ein besonderes Verzeichnis über die Zugehörigkeit des Geldes beizufügen.

2. Gesuch.

a) Ein Antrag auf Aussetzung der Eintragung und Bekanntmachung wird entweder in einem besonderen Schriftstück einzureichen oder, falls er mit dem Anmeldegesuch oder mit anderen Erklärungen verbunden wird, augenfällig, z. B. durch Unterstreichen oder in Rotschrift, hervorzuheben sein.

b) Der Antrag auf Aussetzung der Eintragung und Bekanntmachung ist zu begründen. Dem Antrag kann der Regel nach nur mit Rücksicht auf eine gleichzeitige Patentanmeldung im Inlande oder im Auslande entsprochen werden. Eine Aussetzung der Bekanntmachung ohne gleichzeitige Aussetzung der Eintragung ist nicht zulässig.

„Gleichzeitig" ist nicht wörtlich zu verstehen. Eine Anmeldung, die innerhalb der beantragten Aussetzungsfrist erfolgen soll, ist auch eine gleichzeitige. Präs.-Besch. vom 11. Juli 1902. Bl. VIII, 210.

c) Die Aussetzung der Eintragung mit Rücksicht auf Anmeldungen im Auslande kann zunächst nur auf die Dauer von höchstens drei Monaten bewilligt werden. In besonderen Ausnahmefällen kann diese Frist auf sechs Monate erstreckt werden; in einem solchen Falle ist der Antrag nebst eingehender Begründung erst gegen Ende der ersten Frist vorzulegen.

d) Soll die Aussetzung der Eintragung mit Rücksicht auf eine gleichzeitig beim Kaiserlichen Patentamt eingereichte Patentanmeldung erfolgen, so hat der Anmelder anzugeben, ob

1. die Behandlung der Anmeldung nur in dem Falle erfolgen soll, daß die Patentanmeldung nicht zur Erteilung eines Patentes führt (Eventualanmeldung); in diesem Falle braucht die Gebühr erst nach der Erledigung der Patentanmeldung gezahlt zu werden; oder ob
2. die Eintragung bis zum Zeitpunkt der Bekanntmachung oder endgültigen Zurückweisung der Patentanmeldung vertagt werden soll.

Die Eventualanmeldung gilt als unbedingte Anmeldung, verbunden mit dem Antrag auf Aussetzung der Eintragung und auf Gebührenstundung bis zur Entscheidung über die Patentanmeldung.

Die Aussetzung kann nur auf drei Jahre erfolgen, weil eine Verlängerung der Schutzfrist ohne zuvorigen Beginn des Schutzes durch Eintragung nicht eintreten kann. (Zahlung von 15 + 60 Mark = 75 Mark vor Ablauf der drei Jahre.) Mittlg. Bl. X, 40.

e) Falls der Anmelder die Rechte aus einer früheren Anmeldung in einem Staate, mit dem das

Deutsche Reich einen entsprechenden Vertrag geschlossen hat, geltend machen will, soll dieser Anspruch gleichfalls in das Gesuch aufgenommen werden.

f) Zur Angabe der Person des Anmelders gehört, daß jeder Zweifel darüber ausgeschlossen wird, ob das Gebrauchsmuster von Einzelpersonen oder von einer Gesellschaft, ob von einem Manne oder von einer Frau, ob auf den bürgerlichen Namen oder auf die kaufmännische Firma nachgesucht wird. Bei Einzelpersonen ist der Rufname, bei Frauen außerdem der Familienstand und der Geburtsname anzugeben.

Die Angabe des Wohnorts muß bei größeren Städten auch Straße und Hausnummer, bei kleineren Orten und bei Orten, deren Name mehrfach vorkommt, sowie in der Regel bei ausländischen Orten den Staat und Bezirk enthalten. Dies gilt auch für den Fall, daß der Anmelder einen Vertreter bestellt hat.

g) Für den Fall der Vertretung ist zu beachten, daß nach § 28 der Kaiserlichen Verordnung vom 11. Juli 1891 die Vollmacht auf prozeßfähige, mit ihrem bürgerlichen Namen bezeichnete Personen, nicht auf eine Firma auszustellen ist.

Eine Beglaubigung der Unterschrift des Anmelders unter der Vollmacht ist nur auf besonderes Erfordern des Patentamtes beizubringen.

h) Falls mehrere Personen ohne Bestellung eines gemeinsamen Vertreters anmelden, soll diejenige Person namhaft gemacht werden, der die amtlichen Verfügungen zugesandt werden sollen.

3. Bezeichnung.

Nach § 2 Abs. 2 des Gesetzes muß die Anmeldung die Bezeichnung angeben, unter der das Modell eingetragen werden soll. Die eingetragene Bezeichnung wird nach § 3 Abs. 3 des Gesetzes bekanntgemacht. Die Bezeichnung hat hiernach die Aufgabe, den beteiligten Kreisen von der Eintragung des Modells Kenntnis zu geben. Angaben ohne bestimmten technischen Inhalt (Phantasiewörter, Name des Erfinders, Vorzüge des Gegenstandes u. dgl.) sind unstatthaft.

Abgeändert wie wiedergegeben durch Bek. v. 3. Februar 1904. Vgl. Bl. I, 154, wonach unnötige Weitschweifigkeiten zu vermeiden (Verwendung des Schutzanspruchs als Bezeichnung!), übermäßig lange Bezeichnungen zu kürzen, Bezeichnungen, die nur in der Angabe eines Gattungsbegriffs bestehen, bestimmende Merkmale hinzuzufügen.

4. Angabe des Neuen.

Nach § 2 Abs. 2 des Gesetzes muß die Anmeldung angeben, „welche neue Gestaltung oder Vorrichtung dem Arbeits- oder Gebrauchszweck dienen soll". Da diese Angabe für den Umfang des mit der Eintragung verbundenen Rechtsschutzes von Bedeutung ist, wird es sich, obwohl das Gesetz die Aufstellung eines Schutzanspruchs nicht vorschreibt, doch in vielen Fällen empfehlen, die den Rechtsschutz bestimmenden Merkmale des Modells in einem nach Art der Patentansprüche zu bildenden Schutzanspruchs zusammenzufassen.

5. Nachbildung.

Die Nachbildung gehört zu den wesentlichen Bestandteilen der Anmeldung und kann, solange die Eintragung nicht gelöscht ist, nicht zurückgegeben werden. Auch nach der Löschung wird sie regelmäßig noch während fernerer vier Jahre, d. h. bis zur mutmaßlichen Erledigung etwaiger Klagen wegen Verletzung des Schutzrechts (§ 9 Abs. 2 des Gesetzes), zurückbehalten.

Dem Antrage auf Beglaubigung der Unterlagen einer Gebrauchsmusteranmeldung ist eine Nachbildung beizufügen, falls der Anmeldung eine Nachbildung beigegeben worden ist. Die Übereinstimmung einer Zeichnung mit der der Eintragung zugrunde liegenden Nachbildung kann nicht bescheinigt werden. War der Anmeldung außer der Nachbildung eine Zeichnung beigefügt, so muß zum Zweck der Beglaubigung neben der Nachbildung auch die Zeichnung vorgelegt werden.

6. Verschiedenes.

a) In allen Schriftstücken sind entbehrliche Fremdwörter zu vermeiden.

b) Schriftsätze, die mehrere Seiten umfassen, sind mit Seitenzahlen zu versehen. In allen Schriftsätzen ist an der linken Seite ein Raum von mindestens 5 cm für amtliche Vermerke freizulassen.

c) In allen Eingaben, zu denen Anlagen gehören, sind die Anlagen besonders aufzuzählen.

d) Die Sendungen an das Patentamt müssen kostenfrei eingehen. Bei Geld- und Paketsendungen ist die Bestellgebühr vom Absender im voraus zu entrichten.

e) Empfangsbescheinigungen werden in der Regel nur über Anmeldungen erteilt, und zwar nur in einer Ausfertigung. Die Erteilung der Bescheinigung erfolgt nur dann, wenn ein Schriftstück mit folgendem Wortlaut eingesandt wird:

„Ihre Gebrauchsmusteranmeldung vom . .
. . . .

oder:

„Die Gebrauchsmusteranmeldung von . . .
. . . .
vom . . . .
auf . . . .
. . . .
ist am . . . .
hier eingegangen und unter dem Aktenzeichen
. . . .
in den Geschäftsgang gegeben worden."

Wird die Empfangsbescheinigung nicht auf der Rückseite einer Postkarte vorbereitet, so ist ein mit der Adresse des Empfängers versehener Briefumschlag beizufügen.

f) Über Gebührenbeträge, die mit der Post eingehen, wird nur auf besonderen Antrag des Einzahlers eine Quittung erteilt.

Berlin, den 22. November 1898.

Kaiserliches Patentamt.
von Huber.

Verzeichnis der Patentklassen[1]
(ohne Unterklassen).

Die Bezeichnungen der Klassen sind teilweise gekürzt.

1. Aufbereitung von Erzen und Brennstoffen.
2. Bäckerei.
3. Bekleidung.
4. Beleuchtung (außer elektrischer Beleuchtung) und Brenner aller Art.
5. Bergbau.
6. Bier, Branntwein, Wein, Essig, Hefe.
7. Blech-, Metallrohr- und Drahterzeugung und -bearbeitung, sowie Walzen von Metall.
8. Bleicherei, Wäscherei, Färberei, Zeug- und Tapetendruck und Appretur.
9. Borstenwaren, einschließlich Pinsel, Bürsten, Besen und Griff- und Stielbefestigungen für dieselben.
10. Brennstoffe.
11. Buchbinderei, Alben, Briefordner und Sammelmappen.
12. Chemische Verfahren und Apparate.
13. Dampfkessel nebst Ausrüstung, sowie Dampfleitung.
14. Dampfmaschinen, auch für Lokomotiven und Schiffe, sowie Expansionsmaschinen.
15. Druckerei, Liniermaschinen, Schreibmaschinen, Stempel.
16. Düngerbereitung.

---

[1]) Das Verzeichnis der deutschen Patentklassen und ihre Einteilung in Unterklassen und Gruppen ist im Verlage von Bernhard Paul, Berlin SW 48, Wilhelmstraße 22a, erschienen. Der Bezugspreis beträgt 4 M.

17. Eis- und Kälteerzeugung, Eisaufbewahrung, Wärmeaustausch, Verflüssigung schwer kondensierbarer Gase und Gasgemische, wie Luft, auf mechanischem Wege.
18. Eisenerzeugung.
19. Eisenbahn-, Straßen- und Brückenbau.
20. Eisenbahnbetrieb.
21. Elektrotechnik.
22. Farben, Firnisse, Lacke, Anstriche, Klebmittel.
23. Fett- und Ölindustrie.
24. Feuerungsanlagen.
25. Flechten, Herstellung von Spitzen, Wirken und Posamentieren.
26. Gasbereitung.
27. Gebläse- und Lüftungsmaschinen.
28. Gerberei, Behandlung der Felle, Lederbearbeitung und Lederverarbeitung.
29. Gespinstfasern.
30. Gesundheitspflege, auch Tierheilkunde.
31. Gießerei (Metallgießerei) einschl. der zugehörigen Formerei.
32. Glas.
33. Hand- und Reisegeräte.
34. Hauswirtschaftliche Maschinen, Geräte und Gegenstände aller Art, sowie Möbel.
35. Hebezeuge.
36. Heizungs- und Lüftungsanlagen in Gebäuden.
37. Hochbauwesen.
38. Holzbearbeitung und Konservierung.
39. Horn, Elfenbein und andere Schnitzstoffe, Kautschuk, Guttapercha und andere plastische Massen.
40. Hüttenwesen, Legierungen und Blech- und Drahterzeugung.

41. Hutherstellung und Filzen.
42. Instrumente.
43. Kontrollvorrichtungen und Selbstkassierer.
44. Kurzwaren, Rauch-, Schnupf- und Primgeräte.
45. Land- und Forstwirtschaft, Gärtnerei, Weinbau und Obstkultur, Molkerei, Tierzucht- und -pflege, Tierfang und -vertilgung, Hufbeschlag.
46. Luft- und Gasmaschinen, Feder- und Gewichtskraftmaschinen.
47. Maschinenelemente.
48. Metallbearbeitung, chemische.
49. Metallbearbeitung, mechanische.
50. Müllerei, einschließlich Vorbereitung des Mahlens, sowie allgemein verwendbare Zerkleinerungsvorrichtungen für gewerbliche Zwecke.
51. Musikinstrumente.
52. Näherei und Stickerei.
53. Nahrungs- und Genußmittel.
54. Papier- und Pappenerzeugnisse und -verarbeitung, sowie Reklamewesen.
55. Papier- und Pappenherstellung.
56. Pferdegeschirre und Geschirre für andere Tiere.
57. Photographie.
58. Pressen.
59. Pumpen und andere Flüssigkeitshebewerke.
60. Regler für Kraftmaschinen.
61. Rettungswesen.
62. (Fehlt.)
63. Sattlerei und Wagenbau, Motorwagen und Fahrräder.
64. Schankgeräte.
65. Schiffbau- und Seewesen.

66. Schlächterei und Fleischverarbeitung.
67. Schleifen und Polieren.
68. Schlossereierzeugnisse sowie Geldschränke.
69. Schneiderwerkzeuge, einschl. Hieb- und Stichwaffen.
70. Schreib- und Zeichengeräte.
71. Schuhwerk.
72. Schußwaffen, Geschosse, Verschanzung.
73. Seilerei.
74. Signalwesen.
75. Skulptur, Malerei, Oberflächenverzierung.
76. Spinnerei.
77. Sport, Spiele, Spielzeuge, Volksbelustigung, Luftschiffahrt.
78. Sprengstoffe sowie Sprengen mittelst Explosivstoffen, Zündwarenherstellung.
79. Tabak, Zigarren, Zigaretten.
80. Tonwaren, Steine, Kalk, Zement, Gips, Asphalt, auch Brikettpressen.
81. Transport und Verpackung.
82. Trocknerei, auch Darren, Kaffeebrenner, Schleudern (für allgemeine Verwendung).
83. Uhren.
84. Wasser- und Grundbau.
85. Wasser, Wasserreinigung, Wasserversorgung und Kanalisation.
86. Weberei.
87. Werkzeuge und Arbeitsgeräte, auch pneumatische Werkzeuge für allgemeine Verwendung.
88. Wind- und Wasserkraftmaschinen.
89. Zucker- und Stärkegewinnung.

Hierüber vergleiche noch:

Gesetz über die Konsulargerichtsbarkeit vom 7. April 1900.

§ 22. Durch Kaiserliche Verordnung kann bestimmt werden, inwieweit die Vorschriften der Gesetze über den Schutz von Werken der Literatur und Kunst, von Photographien, von Erfindungen, von Mustern und Modellen, von Gebrauchsmustern und von Warenbezeichnungen in den Konsulargerichtsbezirken Anwendung finden oder außer Anwendung bleiben.

Verordnung zur Einführung des Gesetzes über die Konsulargerichtsbarkeit vom 25. Oktober 1900.

Art. 1. Das Gesetz über die Konsulargerichtsbarkeit vom 7. April 1900 tritt am 1. Januar 1901 in Kraft.

Schutzgebietsgesetz vom 25. Juli 1900.

§ 3. In den Schutzgebieten gelten die im § 19 des Gesetzes über die Konsulargerichtsbarkeit bezeichneten Vorschriften der Reichsgesetze und preußischen Gesetze. Die Vorschriften der §§ 20—22, des § 23 Abs. 1—3 und 5, der §§ 26, 29—31, 33—35, 37—45, 47, 48, 52—75 des Gesetzes über die Konsulargerichtsbarkeit finden entsprechende Anwendung.

Verordnung, betreffend die Rechtsverhältnisse in den deutschen Schutzgebieten vom 9. November 1900.

§ 1. Das Gesetz, betreffend Änderungen des Gesetzes über die Rechtsverhältnisse der deutschen Schutzgebiete (RGBl. 1888 S. 75, 1899 S. 365), vom 25. Juli 1900 (RGBl. S. 809) tritt in den Schutzgebieten am 1. Januar 1901 in Kraft.

§ 4. Die Vorschriften der Gesetze über den Schutz von Werken der Literatur und Kunst, von Photographien, von Erfindungen, von Mustern und Modellen, von Gebrauchsmustern und von Warenbezeichnungen finden Anwendung.

Gesetz, betreffend den Schutz von Erfindungen, Mustern und Warenzeichen auf Ausstellungen.

Vom 18. März 1904 (RGBl. S. 141).

Wir Wilhelm ꝛc., verordnen im Namen des Reichs, nach erfolgter Zustimmung des Bundesrats und des Reichstags, was folgt:

Erfindungen, Gebrauchsmustern, Mustern und Modellen, die auf einer inländischen oder ausländischen Ausstellung zur Schau gestellt werden, sowie Warenzeichen, die auf einer daselbst zur Schau gestellten Ware angebracht sind, wird ein zeitweiliger Schutz in Gemäßheit der nachfolgenden Bestimmungen gewährt:

1. Durch eine Bekanntmachung des Reichskanzlers im Reichs-Gesetzblatte wird im einzelnen Falle die Ausstellung bestimmt, auf die der zeitweilige Schutz Anwendung findet.
2. Der zeitweilige Schutz hat die Wirkung, daß die Schaustellung oder eine anderweitige spätere Benutzung oder eine spätere Veröffentlichung der Erfindung, des Musters oder des Warenzeichens, der Erlangung des gesetzlichen Patent-, Muster- oder Zeichenschutzes nicht entgegenstehen, sofern die Anmeldung zur Erlangung dieses Schutzes

von dem Aussteller oder dessen Rechtsnachfolger binnen einer Frist von sechs Monaten nach der Eröffnung der Ausstellung bewirkt wird. Die Anmeldung geht anderen Anmeldungen vor, die nach dem Tage des Beginns der Schaustellung eingereicht worden sind.

Urkundlich usw.

Übersicht der Ausstellungen, auf die vorstehendes Gesetz Anwendung gefunden hat:

1904:

St. Louis, Bek. v. 23. März.

1905:

Lüttich, Bek. v. 20. Februar.
Görlitz, Bek. v. 20. Februar.
Oldenburg, Bek. v. 20. Februar.
München (angewandte Kunst), Bek. v. 14. April.
München (Landwirtschaft), Bek. v. 7. Mai.

1906:

Mailand, Bek. v. 26. Februar.
Schöneberg (Landwirtschaft), Bek. v. 26. Februar.
Nürnberg, Bek. v. 3. April.
Dresden (Kunstgewerbe), Bek. v. 12. April.

1907:

Berlin (Kleinerfindungen), Bek. v. 1. Mai.
Düsseldorf (Landwirtschaft), Bek. v. 18. Mai.
Berlin (Hygiene), Bek. v. 12. Juli.

1908:

Stuttgart, Bek. v. 5. März.
München, Bek. v. 25. März.
Darmstadt, Bek. v. 30. April.

1909:

Dresden (Photographie), Bek. v. 9. Januar.
Frankfurt a. M. (Luftschiffahrt), Bek. v. 19. März.
Leipzig (Landwirtschaft), Bek. v. 12. Mai.
München (Brauerei), Bek. v. 18. August.
Brüssel, Bek. v. 6. Oktober.

1910:

Stuttgart (Erfindungen), Bek. v. 20. Januar.
Berlin (Tonwaren), Bek. v. 18. Februar.
Hamburg (Landwirtschaft usw.), Bek. v. 28. Februar.
Frankfurt a. M. (Sport), Bek. v. 4. März.
Wien (Jagd), Bek. v. 27. März.
Regensburg, Bek. v. 30. März.
Turin (1911), Bek. v. 1. November.

1911:

Schwerin, Bek. v. 30. November 1910.
Dresden (Hygiene), Bek. v. 23. Dezember 1910
Hamburg (Wohnung), Bek. v. 22. Januar.
Berlin (Bureau), Bek. v. 7. Februar.
Hamburg (Tapeten), Bek. v. 23. März.
Kassel, Bek. v. 25. April.

III.

Anhang.

Bekanntmachung, betr. den Beitritt des Reichs zu dem internationalen Verbande zum Schutze des gewerblichen Eigentums.

Vom 9. April 1903 (RGBl. S. 147).

Der Bundesrat hat sich am 9. Mai 1901, der Reichstag in seiner Plenarsitzung vom 15. Mai 1901 damit einverstanden erklärt, daß das Reich den nachstehend im Originaltext und in Übersetzung abgedruckten internationalen Übereinkommen, nämlich:

1. der von mehreren Staaten zu Paris am 20. März 1883 geschlossenen Übereinkunft zum Schutze des gewerblichen Eigentums nebst Schlußprotokoll von demselben Tage,
2. dem dazu vereinbarten Protokoll über die Ausstattung des internationalen Bureaus des Verbandes für den Schutz des gewerblichen Eigentums d. d. Madrid, den 15. April 1891,
3. der Zusatzakte d. d. Brüssel, den 14. Dezember 1900, betr. die Abänderung der Übereinkunft vom 20. März 1883 und des dazugehörigen Schlußprotokolls,

beitritt.

Die Brüsseler Zusatzakte ist von allen beteiligten Staaten, mit Ausnahme der Vereinigten Staaten von Brasilien, der Dominikanischen Republik und Serbiens, ratifiziert und die Ratifikationsurkunden sind gemäß den Bestimmungen im Artikel 3 der Zusatzakte in Brüssel im Ministerium der auswärtigen Angelegenheiten am 14. Juni 1902 niedergelegt worden; Spanien hat die Ratifikationsurkunde zu der Zusatzakte ebenda am 22. Januar d. J. niedergelegt.

Der Beitritt des Reichs zu den obenerwähnten internationalen Übereinkommen ist, entsprechend den Bestimmungen im Artikel 1, IX der Zusatzakte, der schweizerischen Regierung am 21. v. M. angezeigt worden und tritt am 1. Mai d. J. in Kraft.

Berlin, den 9. April 1903.

Der Reichskanzler.
J. V.: Graf von Posadowsky.

Übereinkunft.

Seine Majestät der König der Belgier, Seine Majestät der Kaiser von Brasilien, Seine Majestät der König von Spanien, der Präsident der Französischen Republik, der Präsident der Republik von Guatemala, Seine Majestät der König von Italien, Seine Majestät der König der Niederlande, Seine Majestät der König von Portugal und Algarbien, der Präsident der Republik von Salvador, Seine Majestät der König von Serbien und der Bundesrat der Schweizerischen Eidgenossenschaft haben, gleichmäßig von dem Wunsche beseelt, im Einvernehmen miteinander der

Gewerbetätigkeit und dem Handel der Angehörigen ihrer betreffenden Staaten einen vollkommenen und wirksamen Schutz zu sichern und zur Gewährleistung der Rechte der Erfinder und der Loyalität des Handelsverkehrs beizutragen, beschlossen, zu diesem Zwecke eine Übereinkunft zu schließen und zu Ihren Bevollmächtigten ernannt, nämlich:

(folgen die Namen der Vertreter),

welche nach gegenseitiger Mitteilung ihrer in guter und gehöriger Form befundenen Vollmachten über die folgenden Artikel übereingekommen sind:

Art. 1. Die Regierungen von Belgien, Brasilien, Spanien, Frankreich, Guatemala, Italien, den Niederlanden, Portugal, Salvador, Serbien und der Schweiz bilden einen Verband zum Schutze des gewerblichen Eigentums.

Art. 2. Die Untertanen oder Bürger der vertragschließenden Staaten sollen in allen übrigen Staaten des Verbandes in betreff der Erfindungspatente, der gewerblichen Muster oder Modelle, der Fabrik- oder Handelsmarken und der Handelsnamen die Vorteile genießen, welche die betreffenden Gesetze den Staatsangehörigen gegenwärtig gewähren oder in Zukunft gewähren werden. Demgemäß sollen sie denselben Schutz wie diese und dieselbe Rechtshilfe gegen jeden Eingriff in ihre Rechte haben, vorbehaltlich der Erfüllung der Förmlichkeiten und Bedingungen, welche den Staatsangehörigen durch die innere Gesetzgebung jedes Staates auferlegt werden.

Art. 3. Siehe Zusatzakte.

Art. 4. Siehe Zusatzakte.

Art. 4b. Siehe Zusatzakte.

Art. 5. Die durch den Patentinhaber bewirkte Einfuhr von Gegenständen, welche in einem oder dem anderen Verbandsstaate hergestellt sind, in das Land, in welchem das Patent erteilt worden ist, soll den Verfall des letzteren nicht zur Folge haben.

Gleichwohl soll der Patentinhaber verpflichtet bleiben, sein Patent nach Maßgabe der Gesetze des Landes, in welches er die patentierten Gegenstände einführt, auszuüben.

Art. 6. Jede in dem Ursprungslande vorschriftsmäßig hinterlegte Fabrik- oder Handelsmarke soll so wie sie ist in allen anderen Verbandsstaaten zur Hinterlegung zugelassen und geschützt werden.

Als Ursprungsland soll das Land angesehen werden, in welchem der Hinterlegende seine Hauptniederlassung hat.

Liegt die Hauptniederlassung nicht in einem der Verbandsstaaten, so soll als Ursprungsland dasjenige angesehen werden, welchem der Hinterlegende angehört.

Die Hinterlegung kann zurückgewiesen werden, wenn der Gegenstand, für welchen sie verlangt wird, als den guten Sitten oder der öffentlichen Ordnung zuwider angesehen wird.

Art. 7. Die Natur des Erzeugnisses, auf welchem die Fabrik- oder Handelsmarke angebracht werden soll, darf in keinem Falle die Hinterlegung der Marke hindern.

Art. 8. Der Handelsname soll in allen Verbandsstaaten, ohne Verpflichtung zur Hinterlegung, geschützt werden, gleichviel ob er den Teil einer Fabrik- oder Handelsmarke bildet oder nicht.

Art. 9. Jedes widerrechtlich mit einer Fabrik- oder Handelsmarke oder mit einem Handelsnamen versehene Erzeugnis darf bei der Einführung in diejenigen Verbandsstaaten, in welchen diese Marke oder dieser Handelsname Recht auf gesetzlichen Schutz hat, beschlagnahmt werden.

Die Beschlagnahme soll nach Maßgabe der inneren Gesetzgebung jedes Staates auf Antrag entweder der Staatsanwaltschaft oder der Beteiligten erfolgen.

Abs. 3 und 4. Siehe Zusatzakte.

Art. 10. Siehe Zusatzakte.

Art. 10b. Siehe Zusatzakte.

Art. 11. Siehe Zusatzakte.

Art. 12. Jeder der Hohen vertragschließenden Teile verpflichtet sich, eine besondere Behörde für das gewerbliche Eigentum und eine Zentralhinterlegungsstelle zur Mitteilung der Erfindungspatente, der gewerblichen Muster oder Modelle und der Fabrik- oder Handelsmarken an das Publikum einzurichten.

Art. 13. Unter der Bezeichnung: „Internationales Bureau des Verbandes zum Schutze des gewerblichen Eigentums“ ist ein internationales Amt einzurichten.

Dieses Bureau, dessen Kosten durch die Regierungen sämtlicher vertragschließenden Staaten zu tragen sind, wird der hohen Autorität der oberen Verwaltungsbehörde der Schweizerischen Eidgenossenschaft unterstellt und hat unter deren Aufsicht zu arbeiten. Die Befugnisse desselben werden durch Vereinbarung der Verbandsstaaten bestimmt.

Art. 14. Siehe Zusatzakte.

Art. 15. Man ist einverstanden, daß die Hohen vertragschließenden Teile sich das Recht vorbehalten, einzeln miteinander besondere Abmachungen zum Schutze des gewerblichen Eigentums zu treffen, sofern diese Abmachungen den Bestimmungen der vorliegenden Übereinkunft nicht zuwiderlaufen.

Art. 16. Siehe Zusatzakte.

Art. 17. Die Ausführung der in der vorliegenden Übereinkunft enthaltenen gegenseitigen Verbindlichkeiten unterliegt, soweit nötig, der Erfüllung der Förmlichkeiten und Vorschriften, welche die verfassungsmäßigen Gesetze derjenigen Hohen vertragschließenden Teile erfordern, die deren Anwendung herbeizuführen gehalten sind, was sie in möglichst kurzer Frist zu tun sich verpflichten.

Art. 18. Die vorliegende Übereinkunft soll innerhalb eines Monats nach Austausch der Ratifikationen in Wirksamkeit treten und auf unbestimmte Zeit bis nach Ablauf eines Jahres vom Tage der erfolgten Kündigung ab in Kraft bleiben.

Diese Kündigung ist an die mit der Empfangnahme der Beitrittserklärungen beauftragte Regierung zu richten. Sie erstreckt ihre Wirkung nur auf den Staat, welcher sie ausspricht; für die übrigen vertragschließenden Teile bleibt die Übereinkunft wirksam.

Art. 19. Die vorliegende Übereinkunft soll ratifiziert werden und die Ratifikationen sollen zu Paris spätestens innerhalb eines Jahres ausgetauscht werden.

Zu Urkund dessen haben die betreffenden Bevollmächtigten die Übereinkunft vollzogen und ihre Siegel beigedrückt.

So geschehen zu Paris, am 20. März 1883.

(L. S.)

Beyens. Villeneuve. Duc de Fernan-Nunez.
P. Challemel-Lacour. Ch. Hérisson.
Ch. Jagerschmidt. Crisanto-Medina. Reßman.
Baron de Zuylen de Nyevelt.
Jose da Silva Mendes Leal. F. d'Azevedo.
J.-M. Torres-Caïcedo. Sima M. Marinovitch.
Lardy. J. Weibel.

Schlußprotokoll.

Im Begriffe, den unter heutigem Tage zwischen den Regierungen von Belgien, Brasilien, Spanien, Frankreich, Guatemala, Italien, den Niederlanden, Portugal, Salvador, Serbien und der Schweiz abgeschlossenen Vertrag zum Schutze des gewerblichen Eigentums zu unterzeichnen, sind die unterzeichneten Bevollmächtigten über nachstehendes übereingekommen:

1. Die Worte: „Gewerbliches Eigentum" sollen in ihrer weitesten Bedeutung verstanden werden, derart, daß sie nicht bloß auf Gewerbeerzeugnisse im eigentlichen Sinne, sondern ebenso auf die Erzeugnisse des Ackerbaues (Wein, Getreide, Früchte, Vieh usw.) und auf die in den Handel gebrachten mineralischen Erzeugnisse (Mineralwasser usw.) Anwendung finden.

2. Unter der Bezeichnung „Erfindungspatente" sind die von den Gesetzgebungen der vertragschließenden Staaten zugelassenen verschiedenen Arten gewerblicher

Patente, wie Einführungs-, Verbesserungs- usw. Patente, begriffen.

3. Man ist einverstanden, daß die Schlußbestimmung des Artikel 2 der Übereinkunft die Gesetzgebung jedes der vertragschließenden Staaten in betreff des Verfahrens vor den Gerichten und die Zuständigkeit dieser Gerichte in keiner Weise berühren soll.

Nummer 3b. Siehe Zusatzakte.

4. Abs. 1 des Artikel 6 ist dahin zu verstehen, daß keine Fabrik- oder Handelsmarke von dem Schutze in einem der Verbandsstaaten ausgeschlossen werden darf, lediglich der Tatsache wegen, daß dieselbe hinsichtlich der Zeichen, aus denen sie besteht, den Anforderungen der Gesetzgebung dieses Staates nicht genügt, vorausgesetzt, daß sie in dieser Beziehung der Gesetzgebung des Ursprungslandes genügt und daß sie in diesem letzteren Lande Gegenstand einer vorschriftsmäßigen Hinterlegung gewesen ist. Von dieser Ausnahme abgesehen, welche nur die Form der Marke betrifft, und vorbehaltlich der Bestimmungen der übrigen Artikel der Übereinkunft soll die innere Gesetzgebung jedes Staates Anwendung finden.

Um jeder falschen Auslegung zu begegnen, ist man einverstanden, daß der Gebrauch der öffentlichen Wappen und Ehrenzeichen als im Sinne des Schlußsatzes des Artikel 6 der öffentlichen Ordnung zuwider angesehen werden kann.

5. Bei Einrichtung der im Artikel 12 erwähnten besonderen Behörde für das gewerbliche Eigentum soll auf die Veröffentlichung eines periodischen amtlichen Blattes in jedem Staate tunlichst Bedacht genommen werden.

6. Abs. 1, siehe Prot. vom 15. April 1891.

Um den Beitrag jedes Staates zu dieser Gesamtsumme der Kosten zu bestimmen, werden die vertragschließenden Staaten und diejenigen, welche dem Verbande später beitreten möchten, in sechs Klassen geteilt, von denen jede im Verhältnis einer bestimmten Zahl von Einheiten beiträgt, nämlich:

die 1. Klasse . . .	25	Einheiten,
„ 2. „ . . .	20	„
„ 3. „ . . .	15	„
„ 4. „ . . .	10	„
„ 5. „ . . .	5	„
„ 6. „ . . .	3	„

Diese Koeffizienten werden mit der Zahl der Staaten jeder Klasse multipliziert und die Summe der so erhaltenen Produkte bildet die Zahl von Einheiten, mit der die Gesamtausgabe zu dividieren ist. Der Quotient ergibt dann den Betrag der Ausgabeeinheit.

Hinsichtlich der Verteilung der Kosten werden die vertragschließenden Staaten wie folgt klassifizert:

1.	Klasse	Frankreich, Italien;
2.	„	Spanien;
3.	„	Belgien, Brasilien, Portugal, Schweiz;
4.	„	Niederlande;
5.	„	Serbien;
6.	„	Guatemala, Salvador.

Die schweizerische Regierung wird die Ausgaben des internationalen Bureaus überwachen, die nötigen Vorschüsse leisten und die Jahresrechnung aufstellen, welche allen anderen Regierungen mitgeteilt wird.

Das internationale Bureau hat die auf den Schutz des gewerblichen Eigentums bezüglichen Mitteilungen aller Art zu sammeln und in einer allgemeinen Statistik zu vereinigen, welche an alle Regierungen zu verteilen ist. Es hat sich mit gemeinnützigen Studien, welche für den Verband von Interesse sind, zu beschäftigen und mit Hilfe des ihm von den verschiedenen Regierungen zur Verfügung gestellten Aktenmaterials ein periodisches Blatt in französischer Sprache zu redigieren, welches die den Gegenstand des Verbandes betreffenden Fragen behandelt.

Die Nummern dieses Blattes sowie alle von dem internationalen Bureau veröffentlichten Schriftstücke sind auf die Regierungen der Verbandsstaaten im Verhältnisse der Zahl der obenerwähnten Beitragseinheiten zu verteilen. Die außerdem von den genannten Regierungen oder von Gesellschaften oder Privatpersonen etwa beanspruchten Exemplare und Schriftstücke sind besonders zu bezahlen.

Das internationale Bureau hat sich jederzeit zur Verfügung der Verbandsmitglieder zu halten, um ihnen über die auf die internationale Verwaltung des gewerblichen Eigentums bezüglichen Fragen die besonderen Mitteilungen zu machen, deren sie bedürfen könnten.

Die Regierung des Landes, in welchem die nächste Konferenz tagen soll, hat mit Hilfe des internationalen Bureaus die Arbeiten dieser Konferenz vorzubereiten.

Der Vorsteher des internationalen Bureaus hat den Sitzungen der Konferenzen beizuwohnen und an den Verhandlungen ohne beschließende Stimme teilzunehmen. Über seine Amtsführung hat er jährlich einen

Bericht zu erstatten, welcher den Mitgliedern des Verbandes mitzuteilen ist.

Die Amtssprache des internationalen Bureaus soll die französische Sprache sein.

7. Das vorliegende Schlußprotokoll, welches gleichzeitig mit der am heutigen Tage abgeschlossenen Übereinkunft ratifiziert werden soll, ist als integrierender Teil dieser Übereinkunft anzusehen und soll dieselbe Kraft, Gültigkeit und Dauer haben.

Zu Urkund dessen haben die unterzeichneten Bevollmächtigten das vorliegende Protokoll aufgenommen.

So geschehen zu Paris, den 20. März 1883.

Beyens. Villeneuve. Duc de Fernan-Nuñez. P. Challemel-Lacour. Ch. Hérisson. Ch. Jagerschmidt. Crisanto-Medina. Reßman. Baron de Zuylen de Nyevelt. Jose da Silva Mendes Leal. F. d'Azevedo. J.-M. Torres-Caïcedo. Sima M. Marinovitch. Lardy. J. Weibel.

Protokoll,

betreffend die Ausstattung des internationalen Bureaus des zum Schutze des gewerblichen Eigentums zwischen Belgien, Brasilien, Spanien, den Vereinigten Staaten von Amerika, Frankreich, Großbritannien, Guatemala, Italien, Norwegen, den Niederlanden, Portugal, Schweden, der Schweiz und Tunis geschlossenen Verbandes.

Die Unterzeichneten, Bevollmächtigte der oben aufgeführten Staaten, haben angesichts der am 12. März

1883 von der in Paris versammelten internationalen Konferenz zum Schutze des gewerblichen Eigentums angenommenen Deklaration im Einvernehmen miteinander und unter Vorbehalt der Ratifikation das folgende Protokoll abgeschlossen:

Artikel 1. Der erste Absatz der Ziffer 6 des der internationalen Übereinkunft zum Schutze des gewerblichen Eigentums vom 20. März 1883 beigefügten Schlußprotokolls wird aufgehoben und durch die folgende Bestimmung ersetzt:

„Die Ausgaben des nach Artikel 13 eingesetzten internationalen Bureaus werden gemeinsam von den vertragschließenden Staaten getragen. Sie dürfen in keinem Falle die Summe von 60000 Franken jährlich übersteigen."

Artikel 2. Das vorliegende Protokoll soll ratifiziert werden, und die Ratifikationen sollen in Madrid spätestens innerhalb sechs Monaten ausgetauscht werden.

Es soll einen Monat nach Austausch der Ratifikationen in Kraft treten und dieselbe Kraft und Dauer haben wie die Übereinkunft vom 20. März 1883, als deren integrierender Teil es angesehen werden soll.

Zu Urkund dessen haben die Bevollmächtigten der oben aufgeführten Staaten das vorliegende Protokoll in Madrid, am 15. April 1891 unterzeichnet.

Pour la Belgique: Th. de Bounder de Melsbroeck.
Pour le Brésil: Luis F. d'Abreu.
Pour l'Espagne: S. Moret. Marqués de Aguilar. Enrique Calleja. Luis Mariano de Larra.
Pour les États-Unis d'Amérique: E. Burd Grubb.
Pour la France et la Tunisie: P. Cambon.
Pour la Grande-Bretagne: Francis Clare Ford.

Pour le Guatémala: J. Carrera.
Pour l'Italie: Maffei.
Pour la Norvège: Arild Huitfeldt.
Pour les Pays-Bas: Gericke.
Pour le Portugal: Comte de Casal Ribeiro.
Pour la Suède: Arild Huitfeldt.
Pour la Suisse: Ch. E. Lardet. Morel.

Zusatzakte
vom 14. Dezember 1900,
durch welche die Übereinkunft vom 20. März 1883 sowie das beigefügte Schlußprotokoll abgeändert wird.

Seine Majestät der König der Belgier, der Präsident der Vereinigten Staaten von Brasilien, Seine Majestät der König von Dänemark, der Präsident der Dominikanischen Republik, Seine Majestät der König von Spanien und in Seinem Namen Ihre Majestät die Königin-Regentin des Königreichs, der Präsident der Vereinigten Staaten von Amerika, der Präsident der Französischen Republik, Ihre Majestät die Königin des Vereinigten Königreichs von Großbritannien und Irland, Kaiserin von Indien, Seine Majestät der König von Italien, Seine Majestät der Kaiser von Japan, Ihre Majestät die Königin der Niederlande, Seine Majestät der König von Portugal und Algarbien, Seine Majestät der König von Serbien, Seine Majestät der König von Schweden und Norwegen, der Bundesrat der Schweizerischen Eidgenossenschaft, die Regierung von Tunis

haben es für nützlich erachtet, gewisse Abänderungen und Zusätze der internationalen Übereinkunft vom 20. März 1883 sowie des der genannten Übereinkunft beigefügten Schlußprotokolls zu veranlassen und zu Ihren Bevollmächtigten ernannt:

(folgen die Namen der Vertreter.)

welche nach gegenseitiger Mitteilung ihrer in guter und gehöriger Form befundenen Vollmachten über folgende Artikel übereingekommen sind:

Artikel 1.

Die internationale Übereinkunft vom 20. März 1883 wird geändert, wie folgt:

I. Artikel 3 der Übereinkunft erhält folgenden Wortlaut:

Art. 3. Den Untertanen oder Bürgern der vertragschließenden Staaten werden gleichgestellt die Untertanen oder Bürger der dem Verbande nicht beigetretenen Staaten, welche auf dem Gebiet eines der Verbandsstaaten ihren Wohnsitz oder tatsächliche und wirkliche gewerbliche oder Handelsniederlassungen haben.

II. Artikel 4 erhält folgenden Wortlaut:

Art. 4. Derjenige, welcher in einem der vertragschließenden Staaten ein Gesuch um ein Erfindungspatent, ein gewerbliches Muster oder Modell, eine Fabrik- oder Handelsmarke vorschriftsmäßig hinterlegt, soll zum Zwecke der Hinterlegung in den anderen Staaten während der unten bestimmten Fristen und vorbehaltlich der Rechte Dritter ein Prioritätsrecht genießen.

Demgemäß soll die hiernächst in einem der übrigen Verbandsstaaten vor Ablauf dieser Fristen bewirkte Hinterlegung durch inzwischen eingetretene Tatsachen, wie namentlich durch eine andere Hinterlegung, durch die Veröffentlichung der Erfindung oder deren Ausübung, durch das Feilbieten von Exemplaren des Musters oder Modells, durch die Anwendung der Marke, nicht unwirksam gemacht werden können.

Die oben erwähnten Prioritätsfristen sollen zwölf Monate für Erfindungspatente und vier Monate für gewerbliche Muster oder Modelle, sowie für Fabrik- oder Handelsmarken betragen.

III. In die Übereinkunft wird ein Artikel 4b eingefügt, der folgendermaßen lautet:

Art. 4b. Die Patente, deren Erteilung in den verschiedenen vertragschließenden Staaten von den zur Wohltat der Übereinkunft nach Maßgabe der Artikel 2 und 3 verstatteten Personen beantragt wird, sollen von den für dieselbe Erfindung in anderen zum Verbande gehörigen oder nicht gehörigen Staaten erteilten Patenten unabhängig sein.

Diese Bestimmung soll auf die bestehenden Patente mit dem Zeitpunkt, in welchem sie in Kraft tritt, Anwendung finden.

Für den Fall des Beitritts neuer Staaten soll es mit den im Zeitpunkte des Beitritts auf beiden Seiten bestehenden Patenten ebenso gehalten werden.

IV. Dem Artikel 9 werden zwei Absätze hinzugefügt, die folgendermaßen lauten:

In den Staaten, deren Gesetzgebung die Beschlagnahme bei der Einführung nicht zuläßt, kann diese Beschlagnahme durch das Verbot der Einführung ersetzt werden.

Die Behörden sollen nicht gehalten sein, die Beschlagnahme im Falle der Durchfuhr zu bewirken.

V. Artikel 10 erhält folgenden Wortlaut:

Art. 10. Die Bestimmungen des vorigen Artikel sollen auf jedes Erzeugnis anwendbar sein, welches als Bezeichnung der Herkunft fälschlich den Namen eines bestimmten Ortes trägt, wenn diese Bezeichnung einem erfundenen oder einem zum Zwecke der Täuschung entlehnten Handelsnamen beigefügt wird.

Als Beteiligter gilt jeder Produzent, Fabrikant oder Kaufmann, welcher die Produktion oder die Fabrikation des Erzeugnisses oder den Handel mit demselben betreibt und in dem fälschlich als Herkunftsort bezeichneten Orte oder in der Gegend, in der dieser Ort liegt, seine Niederlassung hat.

VI. In die Übereinkunft wird ein Artikel 10b eingefügt, der folgendermaßen lautet:

Art. 10b. Die unter der Übereinkunft stehenden Personen (Art. 2 und 3) sollen in allen Verbandsstaaten den den Staatsangehörigen gegen den unlauteren Wettbewerb zugesicherten Schutz genießen.

VII. Artikel 11 erhält folgenden Wortlaut:

Art. 11. Die Hohen vertragschließenden Teile werden den patentfähigen Erfindungen, den gewerblichen Mustern oder Modellen sowie den Fabrik- oder Handelsmarken für Erzeugnisse, welche auf den auf dem Gebiet eines von ihnen veranstalteten, amtlichen oder amtlich anerkannten internationalen Ausstellungen zur Schau gestellt werden, in Gemäßheit der Gesetzgebung jedes Landes einen zeitweiligen Schutz gewähren.

VIII. Artikel 14 erhält folgenden Wortlaut:

Art. 14. Die vorliegende Übereinkunft soll periodischen Revisionen unterzogen werden, um Verbesserungen herbeizuführen, welche geeignet sind, das System des Verbandes zu vervollkommnen.

Zu diesem Zwecke werden der Reihe nach in einem der vertragschließenden Staaten Konferenzen zwischen den Delegierten der genannten Staaten stattfinden.

IX. Artikel 16 erhält folgenden Wortlaut:

Art. 16. Die Staaten, welche an der vorliegenden Übereinkunft nicht teilgenommen haben, sollen auf ihren Antrag zum Beitritte zugelassen werden.

Dieser Beitritt ist auf diplomatischem Wege der Regierung der Schweizerischen Eidgenossenschaft und von dieser den übrigen anzuzeigen.

Er hat mit voller Rechtswirkung den Anschluß an alle Bestimmungen und die Zulassung zu allen Vorteilen zur Folge, welche in der vorliegenden Übereinkunft vereinbart sind, und tritt einen Monat nach der Absendung der Anzeige durch die Schweizerische Regierung an die übrigen Verbandsstaaten in Kraft, sofern der beitretende Staat nicht einen späteren Zeitpunkt angibt.

Artikel 2.

Das der internationalen Übereinkunft vom 20. März 1883 beigefügte Schlußprotokoll wird durch die Hinzufügung einer Nummer 3b vervollständigt, die folgendermaßen lautet:

3b. Der Verfall eines Patents wegen Nichtausübung soll in jedem Lande nicht vor Ablauf von drei Jahren seit der Hinterlegung des Gesuchs in dem

Lande, um das es sich handelt, und nur dann ausgesprochen werden können, wenn der Patentinhaber Gründe für seine Untätigkeit nicht dartut.

Artikel 3.

Die vorliegende Zusatzakte soll dieselbe Gültigkeit und Dauer haben wie die Übereinkunft vom 20. März 1883.

Sie soll ratifiziert werden und die Ratifikationen sollen in Brüssel im Ministerium der auswärtigen Angelegenheiten sobald als möglich und spätestens innerhalb achtzehn Monaten seit dem Tage der Unterzeichnung niedergelegt werden.

Sie soll drei Monate nach dem Abschlusse des Niederlegungsprotokolls in Kraft treten.

Zu Urkund dessen haben die betreffenden Bevollmächtigten die vorliegende Zusatzakte unterzeichnet.

So geschehen zu Brüssel in einem einzigen Exemplar, am 14. Dezember 1900.

Pour la Belgique: A. Nyssens. Capelle. Georges de Ro. J. Dubois.

Pour le Brésil: F. Xavier da Cunha.

Pour le Danemark: H. Holten-Nielsen.

Pour la République Dominicaine: John-W. Hunter.

Pour l'Espagne: W. R. de Villa Urrutia.

Pour les États-Unis d'Amérique: Lawrence Townsend. Francis Forbes. Walter H. Chamberlin.

Pour la France: A. Gérard. C. Nicolas. Michel Pelletier.

Pour la Grande Bretagne: Charles B. Stuart Wortley. H. G. Bergne. C. N. Dalton.

Pour l'Italie: R. Cantagalli. F. Gabba. S. Ottolenghi.

Pour le Japon: I. Motono.
Pour la Norvège; Cte Wrangel.
Pour les Pays-Bas: Snyder van Wissenkerke.
Pour la Portugal: Ernesto Madeira Pinto.
Pour la Serbie: Dr. Michel Vouïtch.
Pour la Suède: Cte Wrangel.
Pour la Suisse: Jules Borel. L. R. de Salis.
Pour la Tunisie: A. Gérard. Etienne Bladé.

Es folgt aus dem Blatt für Patent- usw. Wesen XVI 156 eine Übersicht der Staaten, die am 31. Dezember 1909 der Union angehörten:

Deutschland	1. Mai 1903
Deutsche Kolonien	1. Mai 1903
Österreich	1. Jan. 1909
Belgien	20. März 1883
Brasilien	20. März 1883
Cuba	17. Nov. 1904
Dänemark	1. Okt. 1894
Dominikanische Republik . .	11. Juli 1890
Spanien	20. März 1883
Vereinigte Staaten von Amerika .	30. Mai 1887
Frankreich und Algerien . . .	20. März 1883
Französische Kolonien . . .	20. März 1883
Großbritannien	17. März 1884
Australischer Bund	5. Aug. 1907
Ceylon	10. Juni 1905
Neuseeland	7. Sept. 1891
Trinidad und Tobago	14. Mai 1908
Ungarn	1. Jan. 1909
Bosnien und Herzegowina . .	1. Jan. 1909

Italien	20. März 1883
Japan	15. Juli 1899
Mexiko	7. Sept. 1903
Norwegen	1. Juli 1885
Niederlande	20. März 1883
Niederl.-Indien	1. Okt. 1888
Surinam und Curaçao . . .	1. Juli 1890
Portugal nebst Azoren und Madeira	20. März 1883
Serbien	1. Juli 1885
Schweden	1. Juli 1885
Schweiz	20. März 1883
Tunis	20. März 1884

Übereinkommen zwischen dem Reich und Italien über den gegenseitigen Patent-, Muster- und Markenschutz.

Vom 18. Januar 1892 (RGBl. S. 293).

Seine Majestät der Deutsche Kaiser, König von Preußen, im Namen des Deutschen Reichs, einerseits, und Seine Majestät der König von Italien, anderseits, von dem Wunsche geleitet, die gegenseitigen Beziehungen auf dem Gebiete des Patent-, Muster- und Markenschutzes neu zu regeln, haben zu diesem Zweck Verhandlungen eröffnen lassen und zu Bevollmächtigten ernannt:

(folgen die Namen der Vertreter)

Anm.: Wegen Nichtberücksichtigung der Spezialabkommen mit Serbien sei bemerkt, daß dieses der Brüsseler Zusatzakte beigetreten ist (21. September 1909).

welche, nach Mitteilung ihrer in guter und gehöriger Form befundenen Vollmachten, das nachstehende Übereinkommen vereinbart und abgeschlossen haben:

Artikel 1—4, 6 u. 8. Siehe Abkommen vom 4. Juni 1902.

Art. 5. Die Rechtsnachteile, welche nach den Gesetzen der vertragschließenden Teile eintreten, wenn eine Erfindung, ein Muster oder ein Modell nicht innerhalb einer bestimmten Frist ausgeführt oder nachgebildet wird, sollen auch dadurch ausgeschlossen werden, daß die Ausführung oder Nachbildung in dem Gebiete des anderen Teiles erfolgt.

Zusatz siehe Abkommen vom 4. Juni 1902.

Demgemäß soll auch die Einfuhr einer in den Gebieten des einen Teiles hergestellten Ware in die Gebiete des anderen Teiles in den letzteren den Verlust des auf Grund einer Erfindung, eines Musters oder eines Modells für die Ware gewährten Schutzrechts nicht zur Folge haben.

Art. 7. Handels- und Fabrikmarken, welche in dem Ursprungslande im freien Gebrauch stehen, können auch in den Gebieten des anderen Teiles nicht den Gegenstand ausschließlicher Benutzung bilden.

Zu Urkund dessen haben die beiderseitigen Bevollmächtigten das gegenwärtige Übereinkommen unterzeichnet und ihre Siegel beigedrückt.

So geschehen zu Rom, den 18. Januar 1892.

(L. S.) Graf Solms.

Das vorstehende Übereinkommen ist ratifiziert worden und die Auswechselung der Ratifikationsurkunden hat stattgefunden.

Abkommen zwischen dem Deutschen Reiche und Italien zur Abänderung des Übereinkommens vom 18. Januar 1892, betreffend den gegenseitigen Patent-, Muster- und Markenschutz.

Vom 4. Juni 1902 (RGBl. 1903, S. 178).

Seine Majestät der Deutsche Kaiser, König von Preußen, im Namen des Deutschen Reichs, einerseits, und Seine Majestät der König von Italien, anderseits, haben, nachdem sich die Notwendigkeit ergeben hat, das am 18. Januar 1892 zwischen dem Deutschen Reiche und Italien abgeschlossene Übereinkommen, betreffend den gegenseitigen Patent-, Muster- und Markenschutz, einer Änderung zu unterziehen, zu diesem Zwecke Verhandlungen eröffnen lassen und zu Bevollmächtigten ernannt

(folgen die Namen der Vertreter)

welche, nach Mitteilung ihrer in guter und gehöriger Form befundenen Vollmachten, das nachstehende Übereinkommen vereinbart und abgeschlossen haben:

Art. 1. Die Art. 1—4, 6 und 8 des Übereinkommens über den gegenseitigen Patent-, Muster- und Markenschutz vom 18. Januar 1892 werden aufgehoben.

Art. 2. In Art. 5 des Übereinkommens wird dem Abs. 1 folgender Satz hinzugefügt:

„Durch diese Bestimmungen werden die Vergünstigungen, welche dem Inhaber eines Patents in Art. 2 der Zusatzakte vom 14. Dezember 1900 zur internationalen Übereinkunft zum Schutze des gewerblichen Eigentums vom 20. März 1883 zugesichert sind, nicht berührt."

Art. 3. Für die in Deutschland als Gebrauchsmuster und in Italien als Erfindungen angemeldeten Gegenstände wird die durch Art. 4 der Pariser Übereinkunft vom 20. März 1883 vorgesehene, durch die Brüsseler Zusatzakte vom 14. Dezember 1900 modifizierte Prioritätsfrist, wenn die Anmeldung zuerst in Deutschland bewirkt ist, auf vier Monate, wenn die Anmeldung zuerst in Italien gemacht ist, auf zwölf Monate bemessen.

Art. 4. Das vorliegende Abkommen tritt mit dem Zeitpunkt in Kraft, zu welchem der Beitritt des Deutschen Reichs zu der in Paris am 20. März 1883 geschlossenen internationalen Übereinkunft zum Schutze des gewerblichen Eigentums nebst der Brüsseler Zusatzakte vom 14. Dezember 1900 wirksam wird.

Art. 5. Diejenigen Erfindungen, Muster und Modelle, Fabrik- und Handelsmarken, welche vor dem in dem vorstehenden Art. 4 bezeichneten Zeitpunkt angemeldet sind, genießen ein Vorrecht entweder nach Maßgabe der Art. 3 und 4 des Übereinkommens vom 18. Januar 1892 oder nach Maßgabe des Art. 4 der Pariser Übereinkunft, je nachdem das eine oder das andere dem Anmeldenden günstiger ist.

Das Übereinkommen soll ratifiziert und die Ratifikationen sobald als möglich in Rom ausgewechselt werden.

Zu Urkund dessen haben die beiderseitigen Bevollmächtigten das gegenwärtige Übereinkommen unterzeichnet und ihre Siegel beigedrückt.

So geschehen zu Rom, den 4. Juni 1902.

(L. S.) G. v. Wedel.

Das vorstehende Abkommen ist ratifiziert worden und die Auswechselung der Ratifikationsurkunden hat stattgefunden.

Übereinkommen zwischen dem Deutschen Reich und der Schweiz, betreffend den gegenseitigen Patent-, Muster- und Markenschutz.

Vom 13. April 1892 (RGBl. 1894, S. 511).

Seine Majestät der Deutsche Kaiser, König von Preußen, im Namen des Deutschen Reichs einerseits, und der Bundesrat der Schweizerischen Eidgenossenschaft anderseits, von dem Wunsche geleitet, die gegenseitigen Beziehungen auf dem Gebiete des Patent-, Muster- und Markenschutzes neu zu regeln, haben zu diesem Zweck Unterhandlungen eröffnen lassen und zu Bevollmächtigten ernannt:

(folgen die Namen der Vertreter)

welche unter Vorbehalt der beiderseitigen Ratifikation das nachstehende Übereinkommen vereinbart und abgeschlossen haben:

Art. 1—4, 6, 8 und 9, Schluß, und Zusatzprotokoll s. Abk. vom 26. Mai 1902.

Art. 5. Die Rechtsnachteile, welche nach den Gesetzen der vertragschließenden Teile eintreten, wenn eine Erfindung, ein Muster oder Modell, eine Handels- oder Fabrikmarke nicht innerhalb einer bestimmten Frist ausgeführt, nachgebildet oder angewendet wird, sollen auch dadurch ausgeschlossen werden, daß die Ausführung,

Nachbildung oder Anwendung in dem Gebiete des anderen Teiles erfolgt.

Die Einfuhr einer in dem Gebiete des einen Teiles hergestellten Ware in das Gebiet des anderen Teiles soll in dem letzteren nachteilige Folgen für das auf Grund einer Erfindung, eines Musters oder Modells oder einer Handels- oder Fabrikmarke gewährte Schutzrecht nicht nach sich ziehen.

Zusatz s. Abk. vom 26. Mai 1902.

Da nach den vorangegangenen Bestimmungen, insonderheit des Art. 1, das Gebiet des anderen Teils in Beziehung auf patentrechtliche Verhältnisse für die gemachte Erfindung nur in Betracht kommt, sofern für dieses Gebiet ein Patent nachgesucht werden soll, eine Erfindung zur Patentierung angemeldet oder ein Patent erteilt ist, so kann dieser erste Absatz des Art. 5 nur bedeuten: die Rechtsnachteile, welche nach den Gesetzen der vertragschließenden Teile eintreten, wenn eine Erfindung nicht innerhalb einer bestimmten Frist ausgeführt wird, sollen für eine in beiden Gebieten patentierte Erfindung dadurch für beide Gebiete ausgeschlossen werden, daß die Ausführung nur in dem einen Gebiete erfolgt. R.-Z. 37. 51.

Art. 7. Angehörige des einen der vertragschließenden Teile, welche ein Patent in dem Gebiete des anderen Teiles erlangt haben, sind in dem letzteren von jeder gesetzlichen Verpflichtung befreit, behufs Geltendmachung der aus dem Patent sich ergebenden Rechte, die nach dem Patent hergestellten Gegenstände oder deren Verpackung als patentiert zu kennzeichnen. Ist eine solche Kennzeichnung nicht erfolgt, so muß behufs Verfolgung des Nachahmers der Nachweis schuldhaften Verhaltens besonders geführt werden.

Zu Urkund dessen haben die beiderseitigen Bevollmächtigten das gegenwärtige Übereinkommen unterzeichnet und ihre Siegel beigedrückt.

So geschehen zu Berlin, den 13. April 1892.

(L. S.) Freiherr von Marschall.

(L. S.) Roth.

Abkommen zwischen dem Deutschen Reiche und der Schweiz zur Abänderung des Übereinkommens vom 13. April 1892, betreffend den gegenseitigen Patent-, Muster- und Markenschutz.

Vom 26. Mai 1902 (RGBl. 1903, S. 181).

Seine Majestät der Deutsche Kaiser, König von Preußen, im Namen des Deutschen Reichs, einerseits, und der Bundesrat der Schweizerischen Eidgenossenschaft, anderseits, haben, in Anbetracht des bevorstehenden Beitritts des Deutschen Reichs zur internationalen Konvention zum Schutze des gewerblichen Eigentums vom 20. März 1883, Unterhandlungen eröffnen lassen, um das Übereinkommen vom 13. April 1892, betreffend den gegenseitigen Patent-, Muster- und Markenschutz, den Bestimmungen der Konvention vom 20. März 1883 und der hierauf bezüglichen, am 14. Dezember 1900 in Brüssel vereinbarten Zusatzakte anzupassen, und zu Bevollmächtigten ernannt:

(folgen die Namen der Vertreter)

welche, nach gegenseitiger Mitteilung ihrer in guter und gehöriger Form befundenen Vollmachten, nachstehende Artikel vereinbart haben:

Art. 1. Die Artikel 1—4, 6, 8 und 9 des Übereinkommens, betreffend den gegenseitigen Patent-, Muster- und Markenschutz, vom 13. April 1892 sowie das Schlußprotokoll und das Zusatzprotokoll zu diesem Übereinkommen werden aufgehoben.

Art. 2. Dem Art. 5 des Übereinkommens werden folgende Absätze hinzugefügt:

„Vorstehende Bestimmungen finden auf diejenigen Erfindungen nicht Anwendung, welche nach den Gesetzen eines der vertragschließenden Teile vom Patentschutz ausgeschlossen sind. Jedoch bleiben die Vergünstigungen, welche dem Inhaber eines Patents im Art. 2 der Zusatzakte vom 14. Dezember 1900 zur internationalen Konvention zum Schutze des gewerblichen Eigentums vom 20. März 1883 zugesichert sind, unberührt.

Rechtsnachteile, welche nach den Gesetzen der vertragschließenden Teile bei Erfindungspatenten im Falle der Lizenzverweigerung eintreten, werden durch die im zweiten Absatz enthaltenen Bestimmungen nicht ausgeschlossen."

Art. 3. Das vorliegende Abkommen tritt mit dem Zeitpunkt in Kraft, zu welchem der Beitritt des Deutschen Reichs zu der in Paris am 20. März 1883 geschlossenen internationalen Konvention zum Schutze des gewerblichen Eigentums nebst der Brüsseler Zusatzakte vom 14. Dezember 1900 wirksam wird.

Art. 4. Für diejenigen Erfindungen, Muster und Modelle, Fabrik- und Handelsmarken, welche vor dem in dem Art. 3 bezeichneten Zeitpunkt angemeldet worden sind, kommt eine Prioritätsfrist entweder nach Maßgabe der Art. 3 und 4 des Übereinkommens vom 13. April

1892 oder nach Maßgabe des revidierten Art. 4 der Pariser Konvention zur Geltung, je nachdem die eine oder die andere dem Anmeldenden günstiger ist.

Art. 5. Das gegenwärtige Abkommen soll ratifiziert und die Ratifikationsurkunden sollen sobald als möglich in Bern ausgewechselt werden.

Zu Urkund dessen haben die beiderseitigen Bevollmächtigten das gegenwärtige Abkommen unterzeichnet und ihre Siegel beigedrückt.

So geschehen zu Bern, in doppelter Ausfertigung, den 26. Mai 1902.

(L. S.) A. Bülow. (L. S.) Brenner.

Das vorstehende Abkommen ist ratifiziert worden und die Auswechselung der Ratifikationsurkunden hat stattgefunden.

Übereinkommen zwischen dem Deutschen Reiche und Österreich, betreffend den gegenseitigen gewerblichen Rechtsschutz.

Vom 17. November 1908 (RGBl. S. 655).

Seine Majestät der Deutsche Kaiser, König von Preußen, im Namen des Deutschen Reichs, und Seine Majestät der Kaiser von Österreich, König von Böhmen usw. und Apostolischer König von Ungarn, von dem Wunsche geleitet, den gegenseitigen Verkehr zwischen dem Deutschen Reiche einerseits und Österreich anderseits in betreff des gewerblichen Rechtsschutzes zu regeln, haben beschlossen, zu diesem Zwecke ein besonderes Übereinkommen zu treffen und demgemäß zu Ihren Bevollmächtigten ernannt:

(folgen die Namen der Vertreter)

welche, nach gegenseitiger Mitteilung ihrer in guter und gehöriger Form befundenen Vollmachten, die folgenden Artikel vereinbart haben:

Art. 1. Im gegenseitigen Verkehre zwischen dem Deutschen Reiche und Österreich finden nach Beitritt Österreichs zur internationalen Übereinkunft zum Schutze des gewerblichen Eigentums vom 20. März 1883 und der diese Übereinkunft ergänzenden oder abändernden Zusatzakte in bezug auf den gewerblichen Rechtsschutz neben den Bestimmungen dieser Übereinkunft nachstehende Bestimmungen Anwendung.

Art. 2. Die Einfuhr einer in den Gebieten eines der vertragschließenden Teile hergestellten Ware in die Gebiete des anderen Teiles soll in den letzteren den Verlust des für diese Ware erworbenen Schutzrechts, auch soweit es ein Muster oder Modell betrifft, nicht zur Folge haben.

Art. 3. Öffentliche Wappen aus den Gebieten des einen vertragschließenden Teiles werden in den Gebieten des anderen Teiles nicht als Freizeichen angesehen werden. Dies gilt auch für solche Ausführungen der Wappen, welche Abweichungen von der amtlichen Ausführungsform aufweisen, sofern trotz dieser Abweichungen Verwechselungen im Verkehre zu erwarten sind.

Warenzeichen, welche solche Wappen als Bestandteile enthalten, soll, sofern diese Wappen nachweisbar berechtigterweise von dem Anmelder in dem Warenzeichen geführt werden, in den Gebieten des anderen Teiles die Eintragung in die Zeichenrolle (das Markenregister) wegen Führung solcher Wappen nicht versagt werden können.

Außer demjenigen, welcher die Berechtigung zur Führung solcher Wappen besitzt, hat niemand Anspruch auf Schutz dieser zusammengesetzten Warenzeichen.

Diese Bestimmungen finden insbesondere auch auf das österreichische Erblandswappen Anwendung.

Warenzeichen, welche in den Gebieten eines der vertragschließenden Teile als Kennzeichen der Waren von Angehörigen eines bestimmten gewerblichen Verbandes, eines bestimmten Ortes oder Bezirkes Schutz genießen, sind, sofern die Anmeldung dieser Warenzeichen vor dem 1. Oktober 1875 in den Gebieten des anderen Teiles erfolgt ist, hier von der Benutzung als Freizeichen ausgeschlossen.

Außer den Angehörigen eines solchen Verbandes, Ortes oder Bezirkes hat niemand Anspruch auf Schutz dieser Warenzeichen.

Art. 4. Muster und Modelle sowie Warenzeichen, für welche deutsche Angehörige in Österreich einen Schutz erlangen wollen, sind bei der Handels- und Gewerbekammer in Wien oder bei der künftig an deren Stelle tretenden Registrierungsbehörde anzumelden.

Art. 5. Jeder der vertragschließenden Teile wird, soweit dies noch nicht geschehen ist, Bestimmungen gegen den Verkauf und das Feilhalten solcher Waren treffen, welche zum Zwecke der Täuschung in Handel und Verkehr unbefugterweise mit öffentlichen Wappen aus den Gebieten des anderen vertragschließenden Teiles oder mit Namen bestimmter, in den Gebieten des anderen Teiles gelegenen Orte der Bezirke behufs Bezeichnung des Ursprunges versehen sind.

Art. 6. Im Falle einer der vertragschließenden Teile aus dem Verbande der Internationalen Union zum Schutze des gewerblichen Eigentums austreten sollte, hat er über die erfolgte Kündigung dem anderen Teile sofort Mitteilung zu machen und gleichzeitig die Verhandlungen behufs Revision des gegenwärtigen Übereinkommens einzuleiten.

Sollten diese Verhandlungen bis zu dem Zeitpunkt, in welchem laut Artikel 18 der internationalen Übereinkunft vom 20. März 1883 der Austritt wirksam wird, nicht zum Abschlusse gelangen, so haben bis zum Zustandekommen eines neuen Übereinkommens auch weiterhin die Bestimmungen jener Übereinkunft nebst den sie ergänzenden oder abändernden Zusatzakten im gegenseitigen Verkehre der vertragschließenden Teile in Anwendung zu bleiben.

Art. 7. Für die im Deutschen Reiche als Gebrauchsmuster, in Österreich hingegen als Erfindungen angemeldeten Gegenstände wird die im Art. 4 der durch die Zusatzakte vom 14. Dezember 1900 abgeänderten internationalen Übereinkunft vom 20. März 1883 gewährleistete Prioritätsfrist, wenn die Anmeldung zuerst im Deutschen Reiche erfolgte, auf vier Monate, wenn die Anmeldung zuerst in Österreich erfolgte, auf zwölf Monate bemessen.

Art. 8. Das gegenwärtige Übereinkommen tritt mit dem Zeitpunkt in Kraft, zu welchem der Beitritt Österreichs zu der internationalen Union zum Schutze des gewerblichen Eigentums wirksam wird. Mit diesem Zeitpunkt treten vorbehaltlich der Bestimmung im Art. 9 Abs. 1 des gegenwärtigen Übereinkommens die auf den gegenseitigen Patent-, Muster- und Markenschutz Bezug habenden bisherigen Vereinbarungen außer Kraft.

Dieses Übereinkommen bleibt bis zum Ablauf eines Jahres nach erfolgter Kündigung von seiten eines der vertragschließenden Teile in Kraft.

Art. 9. Diejenigen Erfindungen, Muster und Modelle sowie Warenzeichen, welche vor dem Zeitpunkte des Inkrafttretens des gegenwärtigen Übereinkommens in den Gebieten des einen vertragschließenden Teiles angemeldet sind und innerhalb der Frist von drei Monaten nach diesem Zeitpunkt in den Gebieten des anderen Teiles angemeldet werden, genießen ein Vorrecht entweder nach Maßgabe der Art. 3 und 4 des Übereinkommens vom 6. Dezember 1891 oder nach Maßgabe des Art. 4 der durch die Zusatzakte vom 14. Dezember 1900 abgeänderten Internationalen Übereinkunft vom 20. März 1883, je nach dem die eine oder die andere Vereinbarung dem Anmelder günstiger ist.

Die Bestimmungen des Art. 3 finden auch auf diejenigen Warenzeichen Anwendung, für welche im Zeitpunkte des Inkrafttretens des gegenwärtigen Übereinkommens eine noch nicht endgültig erledigte Anmeldung zur Eintragung in die Zeichenrolle (das Markenregister) vorliegt.

Art. 10. Dieses Übereinkommen soll ratifiziert und die Ratifikationsurkunden sollen so bald als möglich in Berlin ausgewechselt werden.

Zu Urkund dessen haben die beiderseitigen Bevollmächtigten das gegenwärtige Übereinkommen unterzeichnet und ihre Siegel beigedrückt.

So geschehen in Berlin, den 17. November 1908.

(L. S.) von Kiderlen-Waechter.
(L. S.) Freiherr von Flotow.
(L. S.) Ritter Beck von Mannagetta und Lerchenau.

Das vorstehende Übereinkommen ist ratifiziert worden, und die Auswechselung der Ratifikationsurkunden hat am 30. Dezember 1908 in Berlin stattgefunden.

Übereinkommen zwischen dem Deutschen Reiche und Ungarn, betreffend den gegenseitigen gewerblichen Rechtsschutz.

Vom 17. November 1908 (RGBl. S. 659.)

Seine Majestät der Deutsche Kaiser, König von Preußen, im Namen des Deutschen Reichs, und

Seine Majestät der Kaiser von Österreich, König von Böhmen usw. und Apostolischer König von Ungarn,

von dem Wunsche geleitet, den gegenseitigen Verkehr zwischen dem Deutschen Reiche einerseits und Ungarn anderseits in betreff des gewerblichen Rechtsschutzes zu regeln, haben beschlossen, zu diesem Zwecke ein besonderes Übereinkommen zu treffen und demgemäß zu Ihren Bevollmächtigten ernannt:

(folgen die Namen der Vertreter),

welche, nach gegenseitiger Mitteilung ihrer in guter und gehöriger Form befundenen Vollmachten die folgenden Artikel vereinbart haben:

Art. 1. Im gegenseitigen Verkehre zwischen dem Deutschen Reiche und Ungarn finden nach Beitritt Ungarns zur internationalen Übereinkunft zum Schutze des gewerblichen Eigentums vom 20. März 1883 und der diese Übereinkunft ergänzenden oder abändernden Zusatzakte in bezug auf den gewerblichen Rechtsschutz neben den Bestimmungen dieser Übereinkunft nachstehende Bestimmungen Anwendung.

Art. 2. Die Einfuhr einer in den Gebieten eines der vertragschließenden Teile hergestellten Ware in die Gebiete des anderen Teiles soll in den letzteren den Verlust des für diese Ware erworbenen Schutzrechts, auch soweit es ein Muster oder Modell betrifft, nicht zur Folge haben.

Art. 3. Öffentliche Wappen aus den Gebieten des einen vertragschließenden Teiles werden in den Gebieten des anderen Teiles nicht als Freizeichen angesehen werden. Dies gilt auch für solche Ausführungen der Wappen, welche Abweichungen von der amtlichen Ausführungsform aufweisen, sofern trotz dieser Abweichungen Verwechselungen im Verkehre zu erwarten sind.

Warenzeichen, welche solche Wappen als Bestandteile enthalten, soll, sofern diese Wappen nachweisbar berechtigterweise von dem Anmelder in dem Warenzeichen geführt werden, in den Gebieten des anderen Teiles die Eintragung in die Zeichenrolle (das Markenregister) wegen Führung solcher Wappen nicht versagt werden können.

Außer demjenigen, welcher die Berechtigung zur Führung solcher Wappen besitzt, hat niemand Anspruch auf Schutz dieser zusammengesetzten Warenzeichen.

Diese Bestimmungen finden insbesondere auch auf die ungarische Sankt-Stephans-Krone Anwendung.

Warenzeichen, welche in den Gebieten eines der vertragschließenden Teile als Kennzeichen der Waren von Angehörigen eines bestimmten gewerblichen Verbandes, eines bestimmten Ortes oder Bezirkes Schutz genießen, sind, sofern die Anmeldung dieser Warenzeichen vor dem 1. Oktober 1875 in den Gebieten des anderen Teiles erfolgt ist, hier von der Benutzung als Freizeichen ausgeschlossen.

Außer den Angehörigen eines solchen Verbandes, Ortes oder Bezirkes hat niemand Anspruch auf Schutz dieser Warenzeichen.

Art. 4. Muster und Modelle, sowie Warenzeichen, für welche deutsche Angehörige in Ungarn einen Schutz erlangen wollen, sind bei der Handels- und Gewerbekammer in Budapest oder bei der künftig an deren Stelle tretenden Registrierungsbehörde anzumelden.

Art. 5. Jeder der vertragschließenden Teile wird, soweit dies noch nicht geschehen ist, Bestimmungen gegen den Verkauf und das Feilhalten solcher Waren treffen, welche zum Zwecke der Täuschung in Handel und Verkehr unbefugterweise mit öffentlichen Wappen aus den Gebieten des anderen vertragschließenden Teiles oder mit Namen bestimmter, in den Gebieten des anderen Teiles gelegenen Orte oder Bezirke behufs Bezeichnung des Ursprunges versehen sind.

Art. 6. Im Falle einer der vertragschließenden Teile aus dem Verbande der internationalen Union zum Schutze des gewerblichen Eigentums austreten sollte, hat er über die erfolgte Kündigung dem anderen Teile sofort Mitteilung zu machen und gleichzeitig die Verhandlungen behufs Revision des gegenwärtigen Übereinkommens einzuleiten.

Sollten diese Verhandlungen bis zu dem Zeitpunkt, in welchem laut Art. 18 der internationalen Übereinkunft vom 20. März 1883 der Austritt wirksam wird, nicht zum Abschlusse gelangen, so haben bis zum Zustandekommen eines neuen Übereinkommens auch weiterhin die Bestimmungen jener Übereinkunft nebst den sie ergänzenden oder abändernden Zusatzakten im gegenseitigen Verkehre der vertragschließenden Teile in Anwendung zu bleiben.

Art. 7. Für die im Deutschen Reiche als Gebrauchsmuster, in Ungarn hingegen als Erfindungen angemeldeten Gegenstände wird die im Art. 4 der durch die Zusatzakte vom 14. Dezember 1900 abgeänderten internationalen Übereinkunft vom 20. März 1883 gewährleistete Prioritätsfrist, wenn die Anmeldung zuerst im Deutschen Reiche erfolgte, auf vier Monate, wenn die Anmeldung zuerst in Ungarn erfolgte, auf zwölf Monate bemessen.

Art. 8. Das gegenwärtige Übereinkommen tritt mit dem Zeitpunkt in Kraft, zu welchem der Beitritt Ungarns zu der internationalen Union zum Schutze des gewerblichen Eigentums wirksam wird. Mit diesem Zeitpunkte treten vorbehaltlich der Bestimmung im Art. 9 Abs. 1 des gegenwärtigen Übereinkommens die auf den gegenseitigen Patent-, Muster- und Markenschutz Bezug habenden bisherigen Vereinbarungen außer Kraft.

Dieses Übereinkommen bleibt bis zum Ablauf eines Jahres nach erfolgter Kündigung von seiten eines der vertragschließenden Teile in Kraft.

Art. 9. Diejenigen Erfindungen, Muster und Modelle sowie Warenzeichen, welche vor dem Zeitpunkte des Inkrafttretens des gegenwärtigen Übereinkommens in den Gebieten des einen vertragschließenden Teiles angemeldet sind und innerhalb der Frist von drei Monaten nach diesem Zeitpunkt in den Gebieten des anderen Teiles angemeldet werden, genießen ein Vorrecht entweder nach Maßgabe der Art. 3 und 4 des Übereinkommens vom 6. Dezember 1891 oder nach Maßgabe des Art. 4 der durch die Zusatzakte vom 14. Dezember 1900 abgeänderten internationalen Übereinkunft vom 20. März 1883, je nach dem die eine oder die andere Vereinbarung dem Anmelder günstiger ist.

Die Bestimmungen des Art. 3 finden auch auf diejenigen Warenzeichen Anwendung, für welche im Zeitpunkte des Inkrafttretens des gegenwärtigen Übereinkommens eine noch nicht endgültig erledigte Anmeldung zur Eintragung in die Zeichenrolle (das Markenregister) vorliegt.

Art. 10. Dieses Übereinkommen soll ratifiziert und die Ratifikationsurkunden sollen so bald als möglich in Berlin ausgewechselt werden.

Zu Urkund dessen haben die beiderseitigen Bevollmächtigten das gegenwärtige Übereinkommen unterzeichnet und ihre Siegel beigedrückt.

So geschehen in Berlin, den 17. November 1908.

(L. S.) von Kiderlen-Waechter.
(L. S.) Freiherr von Flotow.
(L. S.) Szterényi.

Das vorstehende Übereinkommen ist ratifiziert worden, und die Auswechselung der Ratifikationsurkunden hat am 30. Dezember 1908 zu Berlin stattgefunden.

Schlußprotokoll.

Bei der Unterzeichnung des Übereinkommens, betreffend den gewerblichen Rechtsschutz im gegenseitigen Verkehre zwischen dem Deutschen Reiche und Ungarn, ist Einverständnis über nachstehendes festgestellt worden:

Zu Art. 3. Zu Abs. 1—4. Durch die Bestimmungen des Art. 3 werden die Vorschriften der inneren Gesetzgebungen über die mißbräuchliche Verwendung staatlicher Embleme zu Täuschungszwecken nicht berührt.

Zu Abs. 4. Der besondere Schutz, welcher hier der ungarischen Sankt-Stephans-Krone mit Rücksicht auf ihre charakteristische Ausgestaltung zugesichert wird, kann für sonstige Kronenbilder nicht beansprucht werden.

Eine Abbildung der ungarischen Sankt-Stephans-Krone wird seitens der Königlich Ungarischen Regierung beim Kaiserlichen Deutschen Patentamt in Berlin niedergelegt.

Berlin, den 17. November 1908.

(L. S.) von Kiderlen-Waechter.
(L. S.) Freiherr von Flotow.
(L. S.) Szterényi.

Abkommen zwischen dem Deutschen Reiche und Dänemark, betreffend den gegenseitigen Schutz der Muster und Modelle.

Vom 12. Juni 1909 (RGBl. S. 915).

Seine Majestät der Deutsche Kaiser, König von Preußen, im Namen des Deutschen Reichs, und Seine Majestät der König von Dänemark, von dem Wunsche geleitet, in Ergänzung der zu Paris am 20. März 1883 geschlossen internationalen Übereinkunft zum Schutze des gewerblichen Eigentums und der am 14. Dezember 1900 in Brüssel vereinbarten Zusatzakte, die Vorschriften über den Ausführungszwang bei Mustern und Modellen durch ein Übereinkommen zu mildern, haben zu Bevollmächtigten ernannt:

(folgen die Namen der Vertreter),

die nach Austausch ihrer in guter und gehöriger Form befundenen Vollmachten sich über nachstehende Bestimmungen geeinigt haben:

Art. 1. Der Schutz der Muster und Modelle in dem Gebiete jedes der vertragschließenden Teile soll unabhängig davon gewährt werden, ob die Ausführung oder Nachbildung des Musters oder Modells in dem Gebiete des einen oder des anderen Teiles erfolgt.

Demgemäß soll auch die Einfuhr einer in dem Gebiete des einen Teiles hergestellten Ware in das Gebiet des anderen Teiles in dem letzteren den Verlust des auf Grund eines Musters oder Modells für die Ware gewährten Schutzrechts nicht zur Folge haben.

Art. 2. Das gegenwärtige Übereinkommen soll ratifiziert werden, und der Austausch der Ratifikationsurkunden soll so bald als möglich in Berlin erfolgen.

Das Übereinkommen tritt am dreißigsten Tage nach der Auswechselung der Ratifikationsurkunden in Kraft und bleibt bis zum Ablaufe von sechs Monaten nach erfolgter Kündigung von seiten eines der vertragschließenden Teile in Wirksamkeit.

Zu Urkund dessen haben die beiderseitigen Bevollmächtigten das gegenwärtige Übereinkommen in doppelten, in deutscher und dänischer Sprache ausgefertigten Originalen unterzeichnet und gesiegelt.

So geschehen in Berlin, den 12. Juni 1909.

(L. S.) Freiherr von Schoen.
(L. S.) Hegermann-Lindencrone.

Das vorstehende Abkommen ist ratifiziert worden und die Auswechselung der Ratifikationsurkunden hat am 13. August 1909 in Berlin stattgefunden.

Abkommen zwischen dem Deutschen Reiche und den Vereinigten Staaten von Amerika, betreffend den gegenseitigen gewerblichen Rechtsschutz.

Vom 23. Februar 1909 (RGBl. 1909 S. 895).

Seine Majestät der Deutsche Kaiser, König von Preußen, im Namen des Deutschen Reichs, einerseits, und der Präsident der Vereinigten Staaten von Amerika, anderseits, von dem Wunsche geleitet, den gegenseitigen

Schutz der Patente, Gebrauchsmuster, Muster und Modelle in den beiden Ländern vollkommen und wirksamer zu gestalten, haben beschlossen, zu diesem Zwecke ein Abkommen zu treffen, und zu Bevollmächtigen ernannt:

(folgen die Namen der Vertreter),

welche, nach Mitteilung ihrer in guter und gehöriger Form befundenen Vollmachten, über nachstehende Artikel übereingekommen sind:

Art. I. Die in den geltenden oder den künftigen Gesetzen des einen der vertragschließenden Teile enthaltenen Vorschriften, wonach im Falle der Nichtausführung eines Patents, Gebrauchsmusters, Musters oder Modells die Zurücknahme oder eine sonstige Beschränkung des Rechts vorgesehen ist, sollen auf die den Angehörigen des anderen vertragschließenden Teiles gewährten Patente, Gebrauchsmuster, Muster oder Modelle nur in dem Umfange der von diesem Teile seinen eigenen Angehörigen auferlegten Beschränkungen Anwendung finden. Die Ausführung des Patents, Gebrauchsmusters, Musters oder Modells in dem Gebiete des einen vertragschließenden Teiles wird der Ausführung in dem Gebiete des anderen Teiles gleichgestellt.

Art. II. Das Abkommen tritt mit dem Tage seiner Verkündung in Kraft und bleibt bis zum Ablaufe von zwölf Monaten nach erfolgter Kündigung von seiten eines der vertragschließenden Teile in Wirksamkeit.

Art. III. Das gegenwärtige Abkommen soll ratifiziert und die Ratifikationsurkunden sollen so bald als möglich in Washington ausgewechselt werden.

Zu Urkund dessen haben die beiderseitigen Bevollmächtigten das gegenwärtige Abkommen vollzogen und ihre Siegel beigedrückt.

So geschehen zu Washington in doppelter Ausfertigung in deutscher und englischer Sprache, den 23. Februar 1909.

(L. S.) J. Bernstorff.
(L. S.) Robert Bacon.

Das vorstehende Abkommen ist ratifiziert worden, und die Auswechselung der Ratifikationsurkunden hat am 14. Juli 1909 in Washington stattgefunden.

Sachregister.

Die Zahlen bezeichnen die Seiten. Bei der Angabe f. wolle man auch die der angegebenen folgenden beachten.

A.

B.

J.

K.

L.

M.

N.

O.

P.

Q.

R.

S.

T.

U.

V.

W.

Z.

Druck von A. W. Hayn's Erben (Curt Gerber), Potsdam.

VIII. 24. — 15000. 2.

Nr. 13. **Konkurs-O. u. Anfechtungs-G.** Von R. Sydow. Fortges. v. L. Busch u. O. Krieg. 13. Aufl. 1923. Mit Nachtr. 1924. Gm 4,—

Nr. 14. **Gerichtsverfassungsgesetz.** Von R. Sydow. Fortgeführt von L. Busch. 11. Auflage. In Bearbeitung.

Nr. 15. **Das deutsche Gerichtskostengesetz.** Von R. Sydow. Fortgeführt von L. Busch und F. Koehler. 10. Auflage. — 1920. (Nachtrag, enth. die Änderungen von 1924, im Druck.) Gm 3,—

Nr. 16. **Rechtsanwaltordnung.** Von R. Sydow. 5. Auflage von M. Jacobsohn. Mit Nachtrag von 1910. — 1907. Gm 1,20

Nr. 17. **Gebührenordn. f. Rechtsanw. u. d. Preuß. Gebührengesetz.** Von R. Sydow. Fortges. v. L. Busch u. O. Krieg. 12. Aufl. 1922. (Nachtr. enth. die Änderungen v. 1924, im Druck.) Gm 4,—

Nr. 18. **Reichsstempelgesetz.** Von P. Loeck. Vergriffen. Wird durch Kapitalverkehrssteuergesetz ersetzt. Erläuterte Ausgabe in Bearbeitung.

Nr. 19. **Die Seegesetzgebung.** Von W. E. Knitschky. 5. Auflage von O. Rudorff. — 1913. Gm 8,—

Nr. 20. **Krankenversicherungsgesetz** siehe Nr. **107.**

Nr. 21. **Die Konsulargesetzgebung.** **Von** Ph. Zorn. 8. Auflage von K. Zorn. — 1911. **Gm 4,50**

Nr. 22. **Patentgesetz.** Von R. Lutter. 8. Auflage. — 1920. Mit Nachtrag. — 1924. Gm 4,—

Nachtrag apart Gm 0,40

Nr. 23. **Gewerbe-Unfallversicherungsgesetz** siehe Nr. **108.**

Nr. 24. **Aktiengesellschaft u. Kommanditgesellschaften auf Aktien.** Von H. Keyßner und H. Veit Simon. 7. Aufl. In Bearbeitung.

Nr. 25. **Brausteuergesetz.** Von A. Düffe. 2. Aufl. — 1910. Gm 2,—

Nr. 26. **Münz- und Notenbankwesen.** Von R. Koch. 7. Aufl. In Bearbeitung.

Nr. 27. **Gesundheitswesen im Deutschen Reich.** Von E. Goesch und J. Karsten. — 1888. Vergriffen.

Nr. 28. **Bau-Unfallversicherungsgesetz** siehe Nr. **108.**

Nr. 29. **Erwerbs- und Wirtschaftsgenossenschaften.** Von L. Parisius und H. Crüger. 17. Auflage. — 1924. Gm 3,50

Nr. 30. **Invalidenversicherungsgesetz** siehe Nr. **109.**

Nr. 31. **Gewerbegerichtsgesetz.** Von L. Mugdan. 8. Auflage von W. Cuno. Vergriffen, neue Auflage in Bearbeitung.

Nr. 32. **Gesellschaften mit beschränkter Haftung.** Von L. Parisius und H. Crüger. 1923. Gm 1,70

Nr. 33. **Vereins- und Versammlungsrecht.** Von E. Ball. 2. Auflage von F. Friedenthal. — 1907. Gm 2,—

Reichs-Vereinsgesetz vom 19. April 1908 siehe Nr. **88.**

Nr. 34. **Die Abzahlungsgeschäfte.** 3. Auflage von E. Wilke. — 1910. Gm 1,20

Nr. **35. Die Reichs-Eisenbahngesetzgebung.** Von W. Coermann. — 1895. (Siehe auch Nr. **66.**) Gm 2,—

Nr. **36. Privatrechtliche Verhältnisse der Binnenschiffahrt und Flößerei.** Von E. Löwe. 6. Auflage. — 1923. Gm 4,—

Nr. **37. Unlauterer Wettbewerb.** Von A. Pinner. 7. Auflage von A. Elster. — 1921. Gm 1,40

Nr. **38/39. Bürgerliches Gesetzbuch nebst Einführungsgesetz.** Von A. Achilles. In Verbindung mit F. André, O. Meyer, Dr. Strecker, K. v. Unzner herausgegeben von M. Greiff. 11. Aufl. — 1923. Mit Nachtrag 1924. Gm 13,—

Nr. **40.** Gesetz, betr. die **Pflichten der Kaufleute bei Aufbewahrung fremder Wertpapiere [Depotgesetz].** Von F. Lusensky. 3. Auflage. — 1916. Mit Nachtrag 1924. Gm 1,—

Nr. **41. Börsengesetz.** Von Th. Hemptenmacher. 3. Auflage von O. Meyer. — 1915. Gm 3,50

Nr. **42. Grundbuchordnung.** Von O. Fischer. 8. Auflage. — 1924. Gm 3,—

Nr. **43. Zwangsvollstreckung.** Von J. Krech und O. Fischer. 9. Auflage von O. Fischer. — 1922. Gm 3,50

Nr. **44. Auswanderungswesen.** Von F. Stoerk. — 1899. Gm 2,—

Nr. **45. Das Entmündigungsrecht.** Von P. Koll. — 1900. Gm 1,20

Nr. **46. Freiwillige Gerichtsbarkeit.** Von H. Jastrow. 6. Auflage von Herm. Günther. — 1921. Gm 4,50

Nr. **47. Das deutsche Vormundschaftsrecht.** Von M. Schultzenstein und P. Köhne. 2. Auflage. — 1901. Gm 2,50

Nr. **48.** Gesetze, betr. den **Drogen-, Gift- und Farbenhandel** außerhalb der Apotheken. Von J. Broh. — 1899. Gm 1,20

Nr. **49. Deutsche Kolonialgesetzgebung.** Von Ph. Zorn. 2. Auflage von Sassen. — 1913. Gm 5,—

Nr. **50. Der Viehkauf [Viehgewährschaft].** Von H. Stölzle und H. Weiskopf. 5. Auflage. — 1913. Gm 5,50

Nr. **51. Hypothekenbankgesetz.** Von H. Göppert. 2. Auflage von Seidel. — 1911. Gm 2,20

Nr. **52. Rechte der Besitzer von Schuldverschreibungen.** Von H. Göppert. 2. Auflage von E. Trendelenburg. — 1915. Gm 1,50

Nr. **53. Reichspreßgesetz.** Von A. Born. 3. Auflage. — 1924. Im Druck.

Nr. **54.** Verkehr mit **Nahrungsmitteln, Genußmitteln und Gebrauchsgegenständen.** Von G. Lebbin. — 1900. Vergriffen.

Nr. 55. **Beschlagnahme von Lohn- und Gehaltsforderungen.** Von G. Meyer. 5. Auflage. — 1914. Durch Nachträge bis Ende 1921 ergänzt. (Nachträge allein. Gm 0,70) Gm 2,30

Nr. 56. **Bekämpfung gemeingefährlicher Krankheiten.** Von B. Burkhardt. — 1900. Gm 1,20

Nr. 57. **See-Unfallversicherungsgesetz** siehe Nr. **108.**

Nr. 58. **Recht der unehelichen Kinder.** Von H. Jastrow. — 1901. Gm 1,60

Nr. 59. **Beurkundung des Personenstandes und die Eheschließung.** Von F. Fidler. 2. Auflage. — 1912. Gm 2,30

Nr. 60. **Das Urheberrecht an Werken der Literatur und der Tonkunst.** Von O. Lindemann. 4. Auflage. — 1921. Gm 1,80

Nr. 61. **Verlagsrecht.** Von B. Marwitz. 3. Auflage. — 1922. Gm 1,60

Nr. 62. **Private Versicherungsunternehmungen.** Von H. Könige. 3. Auflage. Im Druck.

Nr. 63. **Gesetzestafel des deutschen Reichsrechts.** Von H. Bruhns. 2. Auflage. — 1913. Gm 3,—

Nr. 64. Gesetzsammlung, betr. den **Handel mit Drogen und Giften.** Von H. Sonnenfeld. 2. Auflage. — 1912. Gm 3,—

Nr. 65. **Weingesetz.** Von G. Lebbin. 2. Aufl. — 1909. Gm 2,—

Nr. 66. **Die Eisenbahn-Gesetzgebung.** Von W. Pietsch. 2. Auflage. — 1913. (Siehe auch Nr. 91.) Gm 3,—

Nr. 67. **Militär-Strafgesetzbuch.** Von A. Romen und C. Rissom. 3. Auflage. — 1918. Gm 5,—

Nr. 68. **Fleischbeschaugesetz.** Von G. Lebbin und G. Baum. — 1903. Gm 2,80

Nr. 69. Reichsgesetz über die **Naturalleistungen der bewaffneten Macht im Frieden.** Von W. v. Hippel. — 1903. Gm 1,—

Nr. 70. **Das Reichs-Haftpflichtgesetz.** Von G. Eger. — 1903. Vergriffen. — (Kommentar von Seligsohn. — 1920. Gm 6,50)

Nr. 71. **Kinderarbeit in gewerblichen Betrieben.** Von H. Spangenberg. 2. Auflage. — 1904. Gm 1,20

Nr. 72. **Unfallversicherungsgesetz** siehe Nr. **108.**

Nr. 73. **Entschädigung für unschuldig erlittene Verhaftung und Bestrafung.** Von A. Romen. — 1904. Gm 1,70

Nr. 74. **Die Kaufmannsgerichte.** Von M. Apt. 3. Auflage. — 1904. (Siehe auch Nr. **112.**) Gm 1,60

Nr. 75. **Konsulargerichtsbarkeit.** Von A. F. Vorwerk. 2. Ausgabe, mit den Schutzgebietsgesetzen. — 1908. Gm 1,60

Nr. 76. **Die Rechtshilfe im Verkehr mit den ordentlichen Gerichten.** Von A. Friedländer. — 1906. Gm 1,50

Nr. 77. **Das Erbschafts-StG.** Von B. Henckel. 1920. Gm 5,—
— Neue Fassung v. H. Schachian. 2. Aufl. — 1924. Gm 2,—

Nr. 78. **Zigarettensteuergesetz.** Von Cuno. In Vorbereitung.

Nr. 79. **Die Militärpensionsgesetze.** Von A. Romen.
a) I. Teil: **Offizierpensionsgesetz. — 1907.** Gm 2,—
b) II. Teil: **Mannschaftsversorgungsgesetz.** Mit **Kapitalabfindungsgesetz.** — 1908. Gm 2,—

Militärversorgungsgesetze siehe auch Nr. **136.**

Nr. 80. **Gerichtliche Registerführung.** Von O. Lindemann. — 1906. Gm 2,40

Nr. 81. **Urheberrecht an Werken der bildenden Künste und der Photographie.** Von L. Fuld. 2. Auflage im Druck.

Nr. 82. **Reichsbeamtengesetz.** Von A. Arndt. 3. Auflage. — 1923. Mit Nachtrag, enth. die Änderungen bis April 1924. Gm 3,50

Nr. 83. **Versicherungsvertrag.** Von P. Hager und E. Bruck. 4. Auflage. — 1920. Gm 6,—

Nr. 84. **Sammlung kleinerer privatrechtlicher Reichsgesetze.** Von G. Müller. — 1908. Gm 5,50

Nr. 85. **Scheckgesetz.** Neue Auflage im Druck.

Nr. 86. **Die Auslieferungsverträge des Deutschen Reiches.** Von A. Cohn. — 1908. Gm 4,—

Nr. 87a. **Das deutsche Warenzeichenrecht.** Teil I: **Die internationalen Verträge.** Von Freund und Magnus. 6., neubearbeitete Auflage im Druck.

Nr. 88. **Vereinsgesetz.** Von A. Romen. 4. Aufl. — 1916. Gm 2,—

Nr. 89. **Vogelschutzgesetz.** Von L. v. Boxberger. — 1909. Gm 1,—

Nr. 90. Die Haager Abkommen über das **Internationale Privatrecht.** Von G. Bogeng. — 1908. Gm 2,—

Nr. 91. **Eisenbahn-Verkehrsordnung.** Von E. Blume. 2. Auflage von Weirauch. — 1922. Gm 4,—

Nr. 92. **Verkehr mit Kraftfahrzeugen.** Von R. Kirchner. 3. Auflage. Mit Nachtrag 1922. — 1915. Gm 4,—

Nr. 93. **Sicherung der Bauforderungen.** Von E. Harnier. 3. Auflage. — 1912. Gm 1,50

Nr. 94. **Die Beamtenhaftpflichtgesetze des Reiches und der Länder.** Von H. Delius. 3. Auflage. — 1921. Gm 3,20

Nr. 95. Die Berner Übereinkunft über **Internationales Urheberrecht.** Von H. Dungs. — 1910. Gm 1,—

Nr. 96. **Branntweinsteuergesetz.** 3. Auflage von K. Kniebe in Vorbereitung. **Branntweinmonopolgesetz** siehe Nr. **131 a.**

Nr. 97. **Schutzgebietsgesetz.** Von F. Gerstmeyer. — 1910. Gm 2,50

Nr. 98. **Sechs Haager Abkommen über Internationales Privatrecht.** Von H. Dungs. — 1910. Gm 1,50

Nr. 99. **Die Abkommen d. Haager Friedenskonferenz.** Vergr. Jetzt: Wehberg, **Völkerbundakte.** Gm 4,— (Außerh. d. Samml.)

Nr. 100. **Kaligesetz.** Von B. Voelkel. — 1910. Gm 2,40

Nr. 101. **Zuwachssteuergesetz.** Von W. Cuno. — 1911. Gm 3,50

Nr. 102. **Urheberrecht an Mustern und Modellen** und Schutz von **Gebrauchsmustern.** Von J. Neuberg. — 1911. Gm 2,40

Nr. 103. **Reichs-Viehseuchengesetz.** Von W. v. Hippel. 2. Auflage. — 1912. Gm 4,—

Nr. 104. **Versicherungsgesetz für Angestellte** siehe Nr. **144.**

Nr. 105. **Das Geldwesen in den deutschen Schutzgebieten.** Von W. Hintze. — 1912. Gm 1,80

Nr. 106—109. **Reichs-Versicherungsordnung.** Von F. Caspar und A. Spielhagen. 4 Bände. Kplt. Gm 18,—

Nr. 106. I., V. und VI. Buch. **Gemeinsame Vorschriften. — Beziehungen der Versicherungsträger zu einander und zu anderen Verpflichteten. — Verfahren.** Von K. Lippmann, L. Laß und H. Siefart. — 1913. Mit Nachtrag. Von K. Lippmann. 1920. (Nachtrag einzeln. Gm 0,40.) Gm 5,—

Nr. 107. II. Buch. **Krankenversicherung.** Von H. Siefart und F. Sitzler. — 1916. Mit Nachtrag. Von K. Lippmann. — 1920. (Nachtrag einzeln. Gm 1,20.) Gm 5,50

Nr. 108. III. Buch. **Unfallversicherung.** Von A. Radtke. — 1913. Mit Nachtrag. Von A. Radtke. — 1921. (Nachtrag einzeln. Gm 1,60.) Gm 6,50

Nr. 109. IV. Buch. **Invaliden- und Hinterbliebenenversicherung.** Von B. Jaup und H. Follmann. — Neudruck 1922. Mit Nachtrag, enthaltend die Ergänzungen 1914—1921. (Nachtrag einzeln. Gm 1,—.) Gm 3,50

Nr. 110. **Wehrbeitragsgesetz.** Von A. Fernow. 2. Auflage. — 1913. Gm 1,60

Nr. 111. **Reichs- und Staatsangehörigkeitsgesetz.** Von A. Romen. — 1913. Vergriffen.

Nr. 112. **Kaufmannsgerichtsgesetz.** Von H. Depène. — 1914. Gm 2,60

Nr 112a. **Kaufmanns- u. Gewerbegerichtsgesetz nebst Schlichtungsordnung.** (Ergbd. z. Nr. 112.) B. H. Depène. 1924 Gm 3,50

Nr. 113. **Postscheckgesetz.** Von J. Weiland. — 1914. Mit Nachtrag 1918. Gm 1,50

Nr. 113 a. **Postscheckordnung.** Von J. Weiland. — 1914. Mit Nachtrag 1918. Gm 1,50

Nr. 114. **Waffengebrauch und Festnahmerecht des Militärs.** Von A. Romen und C. Rissom. — 1914. Gm 1,80

Nr. 115. **Das vertragliche Wettbewerbsverbot [Konkurrenzklausel].** Von G. Baum. — 1914. Gm 3,—

Nr. 116. **Kriegs-Zivil- u. Finanzgesetze.** 3. Aufl. — 1915. Gm 1,50

Nr. 116a. Zweite Folge: Jahr 1915. — 1916. Gm 1,20

Nr. 117. **Darlehnskassengesetz.** Von Salomon und Bud. — 1915. Gm 1,80

Nr. 118. **Militärhinterbliebenengesetz.** Von Reh. Mit **Kapitalabfindungsgesetz.** — 1915. (Siehe auch Nr. 136.) Gm 2,20

Nr. 119. **Kriegsleistungsgesetz.** Vergriffen.

Nr. 120. **Telegraphenwegegesetz.** Von Wolf. — 1916. Gm 1,—

Nr. 121. **Direkte Kriegssteuer.** Von A. Mrozek. 1916. Gm 3,50

Nr. 122. **Belagerungszustand.** Von H. Pürschel. 1916. Gm 3,50

Nr. 123. **Warenumsatzstempel.** Von Lindemann. — 1916. (**Umsatzsteuergesetze** siehe Nr. 132.) Gm 1,30

Nr. 124. **Todeserklärung Kriegsverschollener.** Von J. Partsch. — 1917. Gm 2,—

Nr. 125. **Vaterländischer Hilfsdienst.** 3. Auflage. — 1917. Gm 1,—

Nr. 126. **Besitzsteuergesetz.** Von A. Mrozek. Vergriffen.

Nr. 127. **Geschäftsaufsicht zur Abwendung des Konkurses.** Von G. Klien u. Ernst Jaeger. — 1917. Durch Nachträge nach dem Stand von 1924 ergänzt. Gm 1,60

Nachtrag einzeln. Gm 0,60

Nr. 128. **Verhaftung und Aufenthaltsbeschränkung.** Von A. Romen. — 1917. Gm 1,20

Nr. 129. Kriegsgesetze auf dem Gebiete des **Zivil- und Prozeßrechtes.** Von Johannes Fischer. — 1918. Gm 1,50

Nr. 130. **Ersatzlebensmittelverordnung.** Von Heinz Emil Wendel. — 1918. Gm 1,50

Nr. 131 a. **Reichsfinanzgesetzgebung 1918.** Bd. I. **Getränkesteuern** (Bier, Branntwein, Wein, Schaumwein, Limonaden). Von G. Mayer. — 1918. Gm 2,50

Nr. 131 b. **Reichsfinanzgesetzgebung 1918.** Bd. II. **Abgabe vom Einkommen, Stempel, Umsatz, Kriegsgewinn** usw., **Steuerflucht.** Von G. Mayer. — 1919. Gm 1,50

Nr. 132. **Umsatzsteuergesetz.** Von Otto Lindemann. 3. Auflage. — 1923. Gm 4,—

Nr. 133. **Reichswuchergesetzg.** Von Ad. Lobe. — 1918. Gm 2,80

Nr. 134. **Die Friedensverträge.** Von Karl Strupp. I. **Die Ostfrieden.** — 1918. Gm 3,—

Nr. 135. **Erbbaurecht.** Von H. Günther. — 1919. Gm 2,—

Nr. 136. **Militärversorgungsgesetze.** Von Hermann Günther. — 1919. Gm 2,30

Nr. 137. **Verfassung des Deutschen Reiches.** Von A. Arndt. 2. Auflage. — 1921. Gm 2,50

Nr. 138 a. **Arbeiterschutz und Arbeitsrecht.** Von A. Günther. — 1920. Gm 5,—

Nr. 138 b. **Betriebsrätegesetz.** Von A. Günther. — 1920. Gm 2,—

Nr. 139. **Grunderwerbsteuergesetz.** Von Otto Lindeman. — 1919. Gm 1,80

Nr. 140. **Die Siedelungsgesetzgebung im Reich und in Preußen.** Von W. Holzapfel. — 1920. Gm 3,—

Nr. 141. **Sozialisierungsgesetze.** Von Otto Reier. — 1920. Gm 2,20

Nr. 142. **Wirtschaftliche Demobilmachung.** Von Gg. Fischbach. — 1920. Gm 1,—

Nr. 143. **Reichsabgabenordnung.** Von Nieberl. — 1923. Mit Nachtrag, enth. die Änderungen von 1924. Gm 4,—

Nr. 144. **Versicherungsgesetz für Angestellte.** Von Lippmann. — 1920. Gm 3,50

Nr. 145. **Steuer- und Kapitalflucht.** Von E. H. Meyer. 2. Auflage. — 1921. Gm 1,60

Nr. 146. **Tabaksteuergesetz.** Von Wündisch. Mit Nachtrag, enthaltend alle Neuerungen. — 1920. Gm 3,—

Nr. 147. **Filmzensur.** Von Szczesny. — 1920. Gm 1,50

Nr. 148. **Reichsausgleichsgesetz.** Von Decke. — 1920. Gm 1,50

Nr. 149. **Reichsnotopfergesetz.** Von Friedmann und Wrzeszinsky. — 1921. Gm 4,—

Nr. 150. **Reichsschädengesetze.** Von Adolf Hohenstein und Wenzel Goldbaum. — 1922. Gm 4,—

Nr. 151. **Reichseinkommensteuergesetz.** Von A. Hirschburger. 1923. Gm 6,50

Nr. 152 **Wohlfahrtsgesetze.** Von Behrend und Stranz-Hurwitz. 1923. Gm 5,—

Nr. 153. **Zwangsanleihegesetz.** Von Simon und Beutner. 1923. Gm 8,—

Nr. 154. **Jugendwohlfahrtsgesetz und Jugendgerichtsgesetz.** Von Drewes und Sandré. — 1923. Mit Nachtrag, enth. die Ergänzungen bis April 1924. Gm 6,—

Nr. 155. **Reichsknappschaftsgesetz.** Von Max Reuß und Fritz Hense. — 1923. Gm 7,—

Nr. 156. **Mietrecht und Wohnungsmangelgesetz.** 2. Auflage. — 1924. Im Druck.

Nr. 157. **Dritte Steuernotverordnung vom 14. Februar 1924** unter besonderer Berücksichtigung der Vorschriften über **Aufwertung und öffentliche Anleihen.** Von Reichsgerichtsrat Michaelis. Gm 7,—

Nr. 158. **Strafprozeßordnung.** Alte und neue Fassung synoptisch gegenübergestellt. Von Reichsanwalt Feisenberger. — 1924. Gm 4,50

B. Preußische Gesetze.

Nr. 1. **Die Verfassung des Freistaats Preußen.** Von A. Arndt. — 1921. Gm 2,—
Ausführlicher Kommentar von Stier-Somlo. — 1921. Gm 5,—

Nr. 2. **Preußische Beamten-Gesetzgebung.** Von K. Pfafferoth. 5. Auflage. — 1916. Gm 2,40

Nr. 3. **Notteftamente.** Von E. Kurtz. — 1904. Gm 1,50

Nr. 4. **Gebührenordnung für Notare.** Von Rausnitz. 5. Auflage. — 1917. (Neue Aufl. in Bearbeitung.) Gm 2,20

Nr. 5. Gesetz vom **24. April 1854 [betr. die außereheliche Schwängerung].** Von Schulze. — 1873. Vergriffen.
Reichsrecht siehe Reichsgesetze Nr. **58.**

Nr. **6—9** vergriffen.

Nr. **10.** **Einkommensteuergesetz** siehe Reichsgesetze Nr. **151.**

Nr. **11.** **Gewerbesteuergesetz.** Von A. Fernow. Vergriffen.

Nr. **12.** **Allgemeines Berggesetz.** Von Schlüter und Hense. 4. Auflage. — In Vorbereitung.

Nr. **13.** **Ergänzungssteuergesetz.** Von A. Fernow. 5. Aufl. Gm 3,—

Nr. **14.** **Kommunalabgabengesetz.** Von F. Adickes. 6. Auflage von Falk. — 1922. Gm 2,50

Nr. **15.** **Die Kreisordnungen.** Von O. Kolisch. — 1894. Gm 4,—

Nr. **16.** **Konzessionierung gewerblicher Anlagen.** Von W. v. Rüdiger. 2. Auflage. — 1901. Vergriffen.

Nr. **17.** **Preußisches Gerichtskostengesetz.** Von P. Siméon. 7. Auflage. — 1913. Mit Nachtrag von 1919 und 1920. Gm 4,—

Nr. **18.** **Preußisches Stempelsteuergesetz.** Von P. Loeck und W. Seyffarth. 9. Auflage mit Nachtrag von Eiffler. — 1922. Gm 7,50

Nr. **19.** **Jagdscheingesetz.** Von F. Kunze. 2. Aufl. — 1899. Gm 2,—

Nr. **20.** **Die preußischen Erbschaftssteuergesetze.** Von U. Hoffmann. — 1905. Gm 3,—
(**Reichs**-Erbschaftssteuergesetz siehe Reichsgesetze Nr. **77.**)

Nr. **21.** **Handelskammern.** Von F. Lusensky. 2. Auflage. — 1909. Gm 3,—

Nr. **22.** **Anstellung und Versorgung der Kommunalbeamten.** Von W. Ledermann. 2. Auflage von L. Brühl. — 1914. Gm 2,—

Nr. **23.** **Ausführungsgesetze zum Bürgerlichen Gesetzbuche.** Von P. Siméon. 3. Auflage. — 1914. Gm 2,20

Nr. **24.** **Die Hinterlegungsordnung (1879).** Von G. Bartels. 2. Auflage. — 1908. Gm 2,—
Abänderungsgesetz vom 21. April 1913 siehe Nr. **53.**

Nr. **25.** **Preußische Kommunalbeamtengesetzgebung.** Von F. Kremski. — 1901. Gm 3,—

Nr. **26.** **Diensteinkommen der Lehrer und Lehrerinnen.** Von E. Cremer. — 1900. Gm 2,20

Nr. **27.** **Warenhaussteuer.** Von G. Strutz. — 1900. Gm 1,20

Nr. **28.** **Die Fürsorgeerziehung Minderjähriger.** Von P. F. Aschrott. 3. Auflage. — 1917. Gm 2,80

Nr. **29.** **Ärztliche Ehrengerichte, das Umlagerecht und die Kassen der Ärztekammern.** Von F. Fidler. — 1901. Gm 1,50

Nr. **30.** **Preußisches Staatsschuldbuch** und **Reichsschuldbuch.** Von J. Mücke. — 1902. Gm 2,—

Nr. **31.** **Die preußischen Gesindeordnungen.** Zwei Bände. Von St. Gerhard.

31 a. Altpreußische Provinzen und Rheinland. 2. Auflage. — 1914. Gm 3,—

31 b. Hannover, Schleswig-Holstein, Hessen-Nassau und Hohenzollern. — 1902. Gm 2,50

Nr. **32.** **Städteordnung.** Von W. Ledermann und L. Brühl. 2. Auflage. — 1913. Gm 6,—

Nr. **33.** **Rentenguts- und Anerbenrechts-Gesetzgebung.** Von M. Peltasohn und B. Peltasohn. — 1903. Vergriffen.

Nr. **34.** Sammlung der wichtigsten **preußischen Strafgesetze.** Von Lindemann. 2. Auflage. — 1912. Gm 3,50

Nr. **35.** **Geschäftsordnung für Gerichtsvollzieher.** Von E. Exner. — 1904. Gm 3,—

Nr. **36.** **Polizeiverordnungen in Preußen.** Von O. Lindemann. — 2. Auflage. 1912. Gm 2,50

Nr. **37.** **Enteignung von Grundeigentum.** Von O. Meyer. 2. Auflage. — 1911. Vergriffen.

Nr. **38.** **Kreis- und Provinzial-Abgabengesetz.** Von F. Schmidt. — 1906. Gm 1,20

Nr. **39.** **Unterhaltung der öffentlichen Volksschulen.** Von A. Marcks. — 1906. Gm 1,80

Nr. **40.** **Verwaltungsstrafverfahren.** Von R. Katzenstein. — 1907. Gm 3,50

Nr. **41.** **Die preußischen Jagdpolizeigesetze.** Von F. Kunze und R. Kühnemann. 2. Auflage. — 1907. Vergriffen.

Nr. 42. **Allgemeine Landesverwaltung** und **Zuständigkeit der Verwaltungs- und Verwaltungsgerichtsbehörden.** Von K. Friedrichs. 2. Auflage. — 1921. Gm 3,—

Nr. 43. **Verschuldungsgrenze** für land- und forstwirtschaftlich benutzte Grundstücke. Von R. Leweck. — 1908. Gm 2,40

Nr. 44. **Quellenschutzgesetz.** Von E. Boelkel. — 1909. Gm 1,—

Nr. 45. **Rechtsverhältnisse der Juden in Preußen.** Von M. Kollenscher. — 1910. Gm 2,40

Nr. 46. **Austritt aus der Landeskirche.** Von H. Caro. — 1911. Gm 2,40

Nr. 47. **Feuerbestattung.** Von W. Lohmann. — 1912. Gm 1,50

Nr. 48. **Zweckverbandsgesetz für Groß-Berlin.** Von L. Brühl, K. Gordan und W. Ledermann. — 1912. Gm 4,—

Nr. 49. **Gesetze gegen die Verunstaltung landschaftlich hervorragender Gegenden.** Von O. Goldschmidt. — 1912. Gm 2,40

Nr. 50. **Gesetz, betr. die Anlegung und Veränderung von Straßen und Plätzen in Städten und ländlichen Ortschaften.** Von O. Meyer. — 1913. Gm 3,—

Nr. 51. **Das preußische Disziplinargesetz für die nichtrichterlichen Beamten.** Von E. v. Dultz'ig. — 1914. Gm 4,20

Nr. 52. **Preußisches Wassergesetz.** Von G. Wulff und F. Herold. — 1913. Gm 4,50

Nr. 53. **Hinterlegungsordnung** von 1913. Von Hagemann. — 1914. Gm 2,20

Nr. 54. **Anlegung von Sparkassenbeständen in Inhaberpapieren.** Von H. Döhring. — 1914. Gm 2,80

Nr. 55. **Preußisches Wohnungsgesetz.** Von B. Schmittmann. — 1918. Gm 2,60

Nr. 56. **Das preußische Tumultschadengesetz.** Von Bruno Friedländer. — 1919. Gm 0,80

Nr. 57. Gesetz über **Landeskulturbehörden.** Von W. Holzapfel. — 1920. Gm 2,—

Nr. 58. **Arbeitsnachweis.** Von P. Wölbling. — 1920. Gm 1,—

Nr. 59. **Bildung der neuen Stadtgemeinde Berlin.** Von P. Wölbling. 2. Auflage. — 1920. Gm 1,40

Nr. 60. **Umlegungsordnung.** Von W. Holzapfel. — 1921. Gm 1,80

C. Textausgaben

ohne Anmerkungen **mit Sachregister.**

Betriebsrätegesetz.	Vergriffen.
Bürgerliches Gesetzbuch. 14. Auflage.	Gm 4,—
Erbschaftssteuergesetz m. Ausführungsanweis. 2. Auflage.	Gm 0,70
Neue Fassung von H. Schachian. 2. Auflage.	Gm 2,—
Freiwillige Gerichtsbarkeit. — 1920.	Gm 1,—
Handelsgesetzbuch mit **Seerecht.** 11. Auflage. — 1924.	Gm 2,60
Konkursordnung. 2. Auflage. — 1915.	Gm 0,70
Kriegsgewinnsteuer. — 1916.	Gm 0,40
Die Kriegssteuergesetze. 2. Auflage. — 1917.	Gm 0,80
Militärstrafgerichtsordnung m. **Einführungsges.** — 1901.	Gm 1,30
Militär-Strafgesetzbuch. 2. Auflage. — 1916.	Gm 0,50
Reichseinkommensteuer — Körperschaftssteuer — Kapitalertragssteuer — Landessteuer.	Gm 1,—
Einkommensteuergesetz in der Fassung v. 24. März 1921 mit **Ausführungsbestimmungen,** durch Nachträge ergänzt.	Gm 1,40
Reichsfinanz- und Steuergesetze. 1922.	Gm 2,—
Reichsfinanzgesetze von 1909. — 1909.	Gm 2,60
Reichsmietengesetz. — 1922.	Gm 0,50
Reichsnotopfergesetz.	Vergriffen.
Reichsversicherungsordnung.	Vergriffen.
Strafgesetzbuch. — 1921.	Gm 1,20
Strafprozeßordnung. 5. Auflage. — 1924.	Gm 2,50
Umsatzsteuergesetz. — 1920.	Gm 0,60
Verkehrs- u. Kohlensteuer u. Kriegssteuerzuschlag. 1917.	Gm 0,60
Verfassung des Deutschen Reiches v. 11. 8. 1919. 2. Aufl.	Gm 0,60
Verfassung des Freistaates Preußen.	Gm 0,60
Versicherungsgesetz für Angestellte. — 1924. S. R. 144.	Gm 2,—
Wechselordnung. — 1908.	Gm 0,50
Wehrbeitrag und **Besitzsteuer.** — 1913.	Gm 0,50
Zivilprozeßordnung mit **Gerichtsverfassungsgesetz** und **Einführungsgesetzen.** — 1924.	Gm 3,50
Zuwachssteuergesetz. — 1911.	Gm 0,50
— **Ausführungsbestimmungen.** — 1911.	Gm 0,40
Preuß. Ausf.-Anweis. zur **Gewerbeordnung.** — 1904.	Gm 1,—

Schlagwort-Register

R. = Nummer der Sammlung Deutscher Reichsgesetze.
P. = Nummer der Sammlung Preußischer Gesetze.
S. = Seite.

Schlagwort-Register. (R. = Reichsgesetz, P. = preuß. Gesetz.)

Schlagwort-Register. (R. = Reichsgesetz, P. = preuß. Gesetz.)

Schlagwort-Register. (R. = Reichsgesetz, P. = preuß. Gesetz.)